CUANDO EL NIÑO SE ENFERMA... ¿QUE HACER?

DOCTORA
MARIA LUISA
CARRANZA

CUANDO EL NIÑO SE ENFERMA... ¿QUE HACER?

CREADO Y EDITADO POR
LA DOCTORA
MARIA LUISA CARRANZA
PARA
EDITORIAL CONCEPTS
Ilustraciones: PONTET

P.O. Box 77-1286
Miami, Florida 33177-1286

Alcalá 26,
28014 Madrid, España

Internet
www.booksinspanish.com
Correo electrónico
edicon@gate.net
leermas@bellsouth.net

ISBN: 0-939193-46-9

Printed in Colombia.
Impreso en Colombia:
QUEBECOR WORLD
Santafé de Bogotá, Colombia

CONTENIDO

CAPITULO 1

EL NIÑO... ¿SERA SALUDABLE?

La Genética es una ciencia muy precisa, y hoy podemos determinar —mediante la consideración de los llamados *factores genéticos*— cuáles son las enfermedades más peligrosas a las que el niño será más propenso durante toda su vida. ¡Tome las medidas necesarias para prevenirlas... o para detectarlas en sus primeras fases, cuando el tratamiento puede ser más efectivo!

Cuando nace un niño, no podemos resistir la tentación de encontrar semejanzas de apariencia entre el recién nacido y otros miembros de la familia: "tiene la nariz de su papá, los labios de mamá, los ojos de abuelita, el lunar de su tío Miguel...".

- Estas **características externas** —reflejo de una herencia mucho más profunda, oculta en los genes— es lo que se llama científicamente el **fenotipo**; o sea, los factores hereditarios que podemos observar a simple vista.
- Sin embargo, existen muchas otras **tendencias no visibles**, las cuales también se ocultan en los genes: el llamado **genotipo**; es decir, aquellas condiciones hereditarias que se manifestarán a lo largo

de su vida, muchas de ellas en forma de enfermedades.

Lamentablemente, muchos padres descubren la llamada *propensión genética* de sus hijos después de que se ha desarrollado alguna enfermedad en ellos; otras personas identifican los problemas de la **herencia familiar** por sí mismos, una vez que los niños ya han evolucionado y son adultos... quizás demasiado tarde. Precisamente, el ignorar (o no prestarle la debida atención) a los *factores genéticos* dentro de la familia es lo que provoca que muchas personas desarrollen una serie de enfermedades que muy bien pudieron haber sido evitadas, o detectadas en sus primeras fases, y debidamente controladas. Son enfermedades que se presentan con determinada frecuencia en una misma familia, y no vamos a referirnos en este capítulo a las más conocidas (como probablemente sean la obesidad y la hemofilia), sino a otras que pueden poner en peligro nuestras vidas y que —por lo general— pueden ser prevenidas: las enfermedades cardiovasculares, la diabetes, el cáncer y el glaucoma.

¡ES INCOMPRENSIBLE QUE AUN HAYAN ESCEPTICOS ANTE LA GENETICA!

Es terrible enfrentarse a individuos que aún hoy se muestran escépticos ante la Genética, incrédulos ante la forma en que los factores genéticos influyen en la salud de cada persona. "Mi abuelo murió a una edad muy avanzada, y sin embargo fumaba. No creo que el fumar haga tanto daño como dicen", es una frase que alguna vez he escuchado, y la cual no sólo muestra la irresponsabilidad de la persona que la dice, sino su desconocimiento total de cómo la Genética nos protege (o nos expone) a determinadas enfermedades. Quien así se expresa no toma en cuenta los *factores genéticos* de la familia, y salta a conclusiones absurdas, que no tienen nada que ver con la realidad científica. ¡Gran error!

Por supuesto, estos comentarios irresponsables tienen su respuesta. En el ejemplo anterior —en primer lugar— si el abuelo vivió largos años y no desarrolló ningún tipo de tumoración maligna, es muy posible que no hubiera presentado una propensión genética latente tan marcada a desarrollar el cáncer como pudiera tener otra persona; es decir, es probable que su organismo estuviera genéticamente predispuesto a ser resistente al desarrollo de tumoraciones malignas... pero quizás fuera vulnerable a las enfermedades cardíacas, o a la diabetes. Pero, además, hay que tomar en cuenta que la tecnología mediante la cual se fabrican los cigarrillos es hoy mucho más nociva que hace sólo algunos años. Evidentemente, ese anciano en quien el cigarrillo no tuvo efectos mayores probablemente tenía genes muy específicos que lo protegían del desarrollo de cualquier tipo de tumoración cancerosa. Pero, inclusive, es posible pensar que probablemente habría vivido muchos años más de no haber tenido hábitos negativos que pudieran afectar su salud... fumar entre ellos. Es decir: el hecho de que nunca llegara a desarrollar el cáncer no significa que su hábito nocivo (fumar y, por lo tanto, estar expuesto a un agente cancerígeno poderoso) no hubiera acortado en alguna forma sus años de vida.

Es decir, en esta época que estamos viviendo, nadie puede negar los principios de la Genética. Hoy todos los científicos del mundo están de acuerdo en que todos los seres humanos heredamos ciertas *predisposiciones genéticas* muy fuertes y muy definidas, las cuales —dadas las condiciones propicias— llegarán a manifestarse más tarde o más temprano. Por ejemplo:

- En la actualidad diferentes estudios genéticos demuestran que la propensión al alcoholismo es hereditaria, lo mismo que la predisposición a la violencia... conceptos revolucionarios que habrían sido rechazados hace algunas décadas pero que hoy están comprobados científicamente, además de respaldados por estudios estadísticos.

Es decir, hay familias en las que el número de individuos alcohólicos es superior a lo que pudiera considerarse como el promedio; asimismo, en otras familias, la agresividad y la violencia es común, porque está determinada genéticamente. Así, una persona que haya heredado algún gene que la incline al alcoholismo, posiblemente se convertirá en alcohólica tan pronto comience a beber habitualmente... una situación que probablemente no se producirá tan fácilmente en el individuo que no sea portador de ese gene específico.

De la misma manera, si alguien heredó algún gene que le haga más vulnerable al cáncer del pulmón, al fumar sus primeros cigarrillos o al exponerse a algún agente cancerígeno, no hay duda de que estará activando todo un mecanismo que pondrá a funcionar un gene latente (que determina su propensión al cáncer), y se enfermará mucho más rápidamente y con más intensidad que otra persona cuyo material genético no incluya esta predisposición.

PARA PROTEGER A NUESTROS HIJOS, ES IMPRESCINDIBLE CONOCER EL HISTORIAL FAMILIAR

Cuando tenemos hijos, es imprescindible conocer el historial de salud de la familia, porque el mismo puede sugerir —de una forma más o menos precisa— cómo se verá afectada la salud de los niños con los años; analizar esos antecedentes es como una especie de vaticinio de lo que puede suceder en el futuro con respecto a su salud. Además:

- Esa información es vital para el especialista que trata a los pequeños, quien valiéndose de ella podrá determinar cuáles son las probabilidades que existen en nuestro hijo (y en nosotros mismos) de desarrollar algunas de estas enfermedades en las que los factores hereditarios resultan decisivos.

Por ejemplo, si existen diabéticos en la familia, debemos tener especial cuidado con la alimentación del niño, reduciendo el suministro de dulces y grasas al pequeño; alimentándole con una buena variedad de frutas, granos enteros y legumbres frescas; estimulando su actividad física; y educándolo para que no fume ni ingiera bebidas alcohólicas. En su caso, estos factores pueden acelerar rápidamente el desarrollo de esa diabetes latente (por *factores genéticos),* mucho más que en otros niños que no sean portadores de este gene específico.

Afortunadamente, hoy en día —y gracias a los avances de la Genética— se pueden anticipar muchas de estas condiciones y enfermedades, minimizar sus efectos, y hasta prevenir, retardar o neutralizar el desarrollo de algunas condiciones hereditarias, varias de ellas incurables.

ENFERMEDADES HEREDITARIAS COMUNES

Aunque existe una lista bastante larga de afecciones, desórdenes, dolencias, condiciones y propensiones hereditarias (por *factores genéticos* que predominan en una familia), las cuales abarcan una gama muy extensa de enfermedades, las más comunes —y las que más daño causan— son las siguientes:

- Enfermedades y trastornos del corazón (cardiovasculares).
- Diabetes.
- Cáncer.
- Glaucoma.
- Asma.
- Alergias.

Desde luego, no todas estas enfermedades hereditarias se desarrollarán en el pequeño predispuesto genéticamente en iguales proporciones, ni de la misma manera. Esto no quiere decir que un niño está condenado a desarrollar cáncer si sus padres lo han sufrido, pero si existiera un gene en la familia que lo predisponga hacia el desarrollo de las tumoraciones cancerosas (lo cual es comprobable por el número de casos de cáncer que se haya presentado en el grupo familiar), deberá observar más cuidado en lo que respecta a esta enfermedad, y no solamente seguir un régimen de vida lo más saludable posible (apartándose de todos los factores que se considere que constituyen un riesgo de desarrollar el cáncer), sino vigilar atentamente esa condición una vez que sea adulto. Si se mantiene atento a los síntomas de la enfermedad hereditaria a la cual es propenso (por los *factores genéticos* ya mencionados), lo más probable es que pueda detectarla al comienzo de su desarrollo... y no hay duda de que el diagnóstico temprano permite un tratamiento mucho más efectivo.

Veamos algunas de estas enfermedades hereditarias...

EL CANCER Y LOS FACTORES HEREDITARIOS

Hoy sabemos que hay grupos de individuos que presentan una *propensión genética* para desarrollar diferentes tipos de tumoraciones cancerosas. Tomando ese factor en consideración, en la actualidad podemos prevenir el **cáncer de la piel** en los niños propensos a este tipo de cáncer, sobre todo en aquéllos que tienen la piel muy blanca y susceptible a ser afectada por los rayos ultravioletas del Sol. ¿Cómo? Enseñándoles, desde pequeños, a usar lociones protectoras, gorras o sombreros, anteojos con protección contra los rayos ultravioletas. Se ha comprobado también que el **cáncer del colon** tiene una mayor incidencia cuando se sigue una alimentación rica en grasas. En estos casos de propensión al cáncer en la familia, es importante habituar a los niños mayores de 2 años a consumir leche y yogurt descremado, carnes limpias de grasa, y un mínimo de postres grasosos... elementos que —hoy sabemos— definitivamente contribuyen a la incidencia del cáncer en las vías digestivas. Sin embargo —y es muy importante hacer esta aclaración— no olvidemos que los niños menores de 2 años necesitan grasa para su crecimiento, de ahí que en estos dos primeros años de vida no se les debe restringir las grasas ni las calorías. Lo más importante es lograr que los niños (muy especialmente aquéllos en los que la incidencia de cáncer es alta en la familia) consuman por lo menos cinco raciones diarias de frutas (lo mismo que se recomienda para los adultos). Y en este sentido, lo más conveniente es tener siempre en la casa una buena cantidad de bananas, manzanas, peras, uvas, higos, mangos... en fin, frutas de todo tipo, de modo tal que cuando el pequeño sienta deseos de comer, podamos ofrecerle una fruta... y no una golosina procesada con azúcares refinados y sin valor nutritivo alguno, la cual incrementa su propensión genética a desarrollar el cáncer.

LAS ENFERMEDADES DEL CORAZON TAMBIEN SUELEN HEREDARSE

Pensaríamos que un niño pequeño es un modelo de salud perfecta. No obstante, a pesar de su corta edad, se ha descubierto que muchos niños ya presentan problemas con su **nivel de colesterol en la sangre** y con su **presión arterial**, una situación que si no se controla debidamente, desde muy pequeños, puede evolucionar progresivmente y degenerar en una condición grave una vez que sean adultos. En este sentido, la recomendación de la mayoría de los especialistas en Genética en la actualidad es que:

- Si los padres tienen problemas con la presión arterial alta (hipertensión) o con niveles demasiado elevados del llamado *colesterol malo* (lipoproteínas de baja densidad), sus hijos deben ser evaluados cuanto antes por el Pediatra, para comprobar si sus niveles son normales.

Algunos médicos, lamentablemente, no consideran que estos métodos de control sean absolutamente necesarios en los pequeños. Sin embargo, según las investigaciones efectuadas por la **Escuela de Medicina de la Universidad de Boston** (en los Estados Unidos) la mayor parte de los especialistas sugieren hoy que:

- Todos los niños —independientemente de que sus padres presenten o no altos niveles de colesterol en su sangre; o sea, sin tomar en cuenta la predisposición genética a la que nos referimos en este capítulo— deben seguir un régimen de vida que enfatice los ejercicios físicos y una alimentación en la que solamente obtenga un 30% de sus calorías de la grasa (con menos del 10% de grasas saturadas).

Para mantener bajo control la presión arterial de sus hijos (si éstos presentan una tendencia familiar a las enfermedades cardiovasculares), es importante que usted modere al máximo el uso de sal en las comidas y estimúlelos para que consuman una buena cantidad de alimentos —frutas, vegetales y cereales, principalmente— ricos en potasio (como son las naranjas, tomates, calabazas, bananas). Los alimentos más peligrosos, desde luego, son los fritos en grasas saturadas (de origen animal) y los enlatados. Lea siempre las etiquetas para comprobar el contenido de los alimentos que va a ingerir el pequeño... y sea selectivo en este sentido para proporcionarle al niño una alimentación debidamente balanceada.

LA DIABETES ES OTRA ENFERMEDAD HEREDITARIA...

Finalmente, consideremos la **diabetes**... otra condición hereditaria en una inmensa mayoría de los casos. Si no logra ser debidamente controlada, puede provocar enfermedades del corazón, daños irreparables en los ojos y los riñones, entumecimiento de las extremidades, glaucoma, la necesidad de hacer amputaciones de las extremidades... hasta que finalmente se produce la muerte. Hoy día, afortunadamente, en muchos casos la diabetes puede ser prevenida en el niño que pertenece a una familia con *predisposición genética* a desarrollar la enfermedad en la edad adulta... sólo con observar una serie de medidas de control elementales. Asimismo, cuando se detecta a tiempo una condición diabética, se pueden minimizar sus efectos con bastante efectividad, y es por ello tan importante determinar si el niño se encuentra dentro de un grupo de riesgo (por la *propensión genética* familiar) para que su observación sea más precisa y se identifique cualquier síntoma de la enfermedad mientras ésta se halla en sus primeras etapas, cuando los tratamientos resultan más efectivos.

En este sentido es importante saber que existen dos tipos básicos de diabetes:

- La **diabetes del Tipo I** (conocida antiguamente como *diabetes juvenil),* que ataca a la persona antes de cumplir los 30 años de edad. En estos casos se trata de una enfermedad del sistema inmunológico, ya que el propio sistema de defensas del organismo ataca a las células del páncreas que producen la hormona insulina, reguladora del metabolismo del azúcar en el cuerpo. Los síntomas de la diabetes Tipo I incluyen —básicamente— un apetito exagerado, sed, exceso de orina, pérdida de peso, y fatiga.
- La **diabetes del Tipo II** es la más frecuente, y constituye el 90% de los casos de diabetes. En esta situación, los pacientes no pueden producir la hormona insulina, o se produce en cantidades limitadas, o el organismo no reacciona en la forma debida ante ella.

Cuando analizamos el historial familiar y comprobamos que un miembro de nuestra familia presenta cualquier tipo de diabetes, debemos considerar inmediatamente que muy bien puede existir cierta *predisposición genética* para desarrollar este tipo de enfermedad. En estos casos, *prevención* es la palabra de orden. Es decir: es preciso vigilar mucho la alimentación del niño (la cual debe ser muy baja en grasas y en azúcares refinados), y se debe estimular en el pequeño el ejercicio físico y las visitas regulares al médico. Por supuesto, la persona diabética no debe fumar, y es importante que mantenga su peso siempre bajo control.

Esta diabetes del Tipo II (no dependiente de la insulina) se manifiesta casi siempre después de los 40 años, por lo que no es necesario efectuar pruebas en los niños pequeños para determinar las posibilidades de que se desarrolle la enfermedad en su edad adulta... sólo vigilar los factores de riesgo, para evitarlos.

Sin embargo, si hay antecedentes familiares de la diabetes Tipo I, entonces el panorama es diferente, porque la posibilidad de que los síntomas de la enfermedad se presenten a una edad temprana es mayor. Por este motivo:

- Se deben efectuar evaluaciones periódicas en el pequeño tan pronto se manifiesten los primeros síntomas que pudieran sugerir una condición diabética.

Tenga presente que en la actualidad —mediante un simple análisis de sangre— es posible detectar el trastorno a tiempo... y tomar medidas rápidas para un tratamiento efectivo. En muchos casos, estas medidas pueden salvarle la vida al pequeño.

Debo mencionar en este punto que, recientemente, algunos investigadores han reportado la incidencia de la diabetes Tipo I en niños menores de 3 años que reciben leche de vaca y que son propensos a desarrollar este tipo de diabetes debido a los *factores genéticos* familiares. En este caso se recomienda darles fórmulas que no tengan leche de vaca hasta los 3 años. Aunque este estudio aún se halla en progreso, ya se han planteado una serie de hipótesis que inclinan a pensar que la leche de vaca contiene cierta proteína similar a la que ataca al sistema inmunológico en los niños que —por *factores genéticos*— puede considerarse que son propensos a desarrollar la diabetes del Tipo I.

Toda esta exposición hace evidente que para que el niño sea saludable, y llegue a ser un adulto igualmente saludable, es sumamente importante valorizar desde muy temprano los *factores genéticos* y considerar la *propensión genética* que el pequeño pueda tener a desarrollar determinadas enfermedades que son comunes en su familia. Si el código genético del niño incluye genes que muestran una propensión marcada a desarrollar el cáncer, la diabetes, o las enfermedades del corazón, es indudable que se halla dentro de un grupo de riesgo, y que los cuidados que debe observar deberán ser grandes para mantenerse saludable. Asimismo, con esta valiosa información en la mano, el especialista puede tomar una serie de

PROPENSION GENETICA FAMILIAR A DESARROLLAR LAS ENFERMEDADES HEREDITARIAS

Saque una fotocopia de estos dos cuadros, y actualícelos para cada niño en la familia. Muéstreselos al Pediatra de los pequeños, ya que a éste le servirá de gran ayuda para comprender muchos de los problemas que pueden estar afectando a sus hijos y orientarlo en el diagnóstico y en el tratamiento a seguir con respecto a la salud general de los pequeños en el futuro. Incluya la edad aproximada que tenían sus familiares al enfermarse, así como el momento en que fallecieron.

FAMILIARES INMEDIATOS					
	Niño	Madre	Padre	Hermana	Hermano
Vivo					
Muerto					
Tipo de sangre					
Alcoholismo					
Alergias					
Asma					
Complicaciones de nacimiento					
Cáncer					
Diabetes					
Glaucoma					
Ataque al corazón					
Enfermedades del corazón					
Otras afecciones					

FAMILIARES SECUNDARIOS					
	Abuela	Abuelo	Abuela	Abuelo	Tíos
Vivo					
Muerto					
Tipo de sangre					
Alcoholismo					
Alergias					
Asma					
Complicaciones de nacimiento					
Cáncer					
Diabetes					
Glaucoma					
Ataque al corazón					
Enfermedades del corazón					
Otras afecciones					

INFORMACION ADICIONAL A TOMAR EN CONSIDERACION

medidas (y hacerle recomendaciones precisas a los padres) para reducir considerablemente las probabilidades de que sus hijos desarrollen esos rasgos hereditarios una vez que crezcan.

HABITOS NEGATIVOS PARA LA SALUD DE SUS HIJOS... ¡EVITELOS!

Independientemente de que sus hijos presenten alguna *propensión genética* a contraer o desarrollar ciertos trastornos o enfermedades, existen varios hábitos negativos para la salud que deben evitarse, puesto que perjudican seriamente el desarrollo y el bienestar de los niños.

- **FUMAR.** Cuando se fuma en presencia de los niños, los estamos forzando a inhalar el humo que expulsamos (el llamado *humo de segunda mano)*... ¡un elemento altamente nocivo para la salud del pequeño! Esta situación también recibe el nombre de *fumar pasivamente,* porque —en efecto— el niño está inhalando el mismo humo de los cigarrillos y, por consiguiente, se aumenta considerablemente el riesgo del pequeño a contraer asma, neumonía, a desarrollar problemas en los oídos, bronquitis, trastornos respiratorios y hasta cáncer de los pulmones y enfermedades del corazón. **Recomendación:** No fume... y si no puede evitarlo, nunca lo haga en presencia de los pequeños.
- **ALCOHOL.** Uno de cada cinco hijos de padres alcohólicos tiende a volverse adicto al alcohol y a otras sustancias adictivas (drogas); así muestran las estadísticas según diferentes estudios llevados a cabo a nivel internacional. Los padres que beben en exceso crean un desequilibrio en la conducta del pequeño, y desarrollan irregularidades en su estilo de vida que afectan al niño emocionalmente. Además, las posibilidades de sufrir accidentes cuando la persona se halla en estado de embriaguez, son muy altas... y en muchos accidentes causados por el alcohol, las víctimas son niños. **Recomendación:** No beba

en exceso... y evite hacerlo delante de sus hijos.

- **ALIMENTACION.** A pesar de toda la información que se publica al respecto, muchos padres —lamentablemente— aún desconocen el valor para la salud de llevar una alimentación adecuada y saturan a sus hijos con golosinas, sodas, comidas grasosas sin ningún valor nutritivo, y otros alimentos innecesarios que desarrollan hábitos negativos en el pequeño. **Recomendación:** Infórmese sobre lo que es una alimentación balanceada, y ofrézcale al niño aquellos alimentos que realmente sean beneficiosos para la salud.
- **LA VIDA SEDENTARIA.** La actividad física es esencial para la salud de todos los seres humanos, pero muy especialmente para los pequeños. Si los padres llevan una vida sedentaria y no estimulan debidamente a sus hijos a la actividad física (participar en deportes, por ejemplo), están fomentando la obesidad y muchas otras enfermedades que son consecuencia directa de llevar una vida estática. **Recomendación:** Haga ejercicios conjuntamente con sus hijos; estimúlelo a participar en deportes... ¡la actividad es SALUD!

CAPITULO 2

LA SALUD DEL NIÑO... ¿EN PELIGRO?

La mayoría de los padres hemos oído —en alguna que otra ocasión— que es importante reducir las grasas y el azúcar en la dieta de nuestros pequeños, que es aconsejable incluir algunos minutos de actividad física en sus rutinas diarias, que las vitaminas y los minerales que incorporamos en sus regímenes alimenticios (a través de los alimentos) son vitales para su crecimiento... Sin embargo, muchas veces no estamos realmente conscientes de la importancia real de estas recomendaciones, ni en realidad sabemos con certeza cómo determinan el estado de salud de nuestros hijos (no sólo en el presente, sino en el futuro), cómo modifican —considerablemente— su predisposición a padecer de ciertas enfermedades, y —en sentido general— cómo pueden afectarlos para toda la vida.

Quizás por no prestar la debida atención a esas recomendaciones a las que tanta divulgación se les ha dado es que (según las estadísticas a nivel internacional):

- Un gran número de niños —entre las edades de 5 y 8 años, principalmente— se encuentran en un grupo de alto riesgo a padecer de diferentes enfermedades y, sencillamente, a no ser saludables.

Son estos pequeños aquéllos que muestran un marcado sobrepeso, que presentan altos niveles de colesterol en la sangre (a pesar de su corta edad), y que ya padecen de hipertensión (con todos los peligros que la alta presión arterial representa para la salud del ser humano). Afortunadamente, a estas edades todavía es posible evitar males mayores. Siguiendo algunas recomendaciones sencillas de prevención que se ofrecen en este capítulo podremos proteger a nuestros niños, y orientarlos debidamente por el camino adecuado para que se conviertan en adultos saludables, capaces de disfrutar plenamente sus años de vida.

EL PRIMERO DE LOS ELEMENTOS A TENER EN CUENTA: EL AIRE QUE NUESTROS HIJOS RESPIRAN...

Para los especialistas, el aire que los niños respiran constituye uno de los aspectos fundamentales que los padres deben vigilar para mantener la salud del pequeño. Si el medio en el que nuestros hijos se desenvuelven está contaminado, los niños estarán más expuestos a padecer de enfermedades del sistema respiratorio (como son la neumonía, la bronquitis, el asma, y hasta las infecciones en los oídos). Lamentablemente, no está en nuestras manos el tener un control absoluto de la calidad del ambiente en que crecen nuestros hijos, y aunque —por fortuna— la Ecología está convirtiéndose en un punto focal en las prioridades de los gobiernos de todos los países, y numerosas personas se están preocupando cada vez más por el nivel de contaminación y —en general— por la conservación del ambiente, sí hay formas de poder controlar el aire que respiran nuestros niños en el hogar.

Para mantenerlo lo más puro posible, considere las sugerencias que le menciono a continuación:

- Insisto: abandone el hábito de fumar... no sólo usted, sino todos en la familia. Tampoco debe permitir que otras personas fumen en el interior de su hogar. Según las estadísticas, los menores que se hallan expuestos al humo del cigarrillo de sus padres, sufren con mucha mayor frecuencia de enfermedades respiratorias agudas, ya que se convierten en lo que se conoce como *fumadores secundarios,* igualmente afectados por el humo de los cigarrillos y vulnerables a sufrir sus efectos nocivos. Aparte de esto, las estadísticas muestran un riesgo mayor entre los hijos de padres fumadores a padecer de cáncer en los pulmones una vez que llegan a ser adultos.

- Controle, rigurosamente, el estado de las fuentes de combustible dentro del hogar. Algunas de éstas (como son el gas natural, el kerosene o luz brillante, o la madera) liberan agentes contaminantes que son altamente peligrosos para la salud de los pequeños. Es por esto que resulta imprescindible examinar —en forma sistemática— los sistemas de calefacción y otros que empleen estos peligrosos combustibles para su funcionamiento.
- ¡Reduzca al máximo todos los elementos alergénicos en el hogar! Todos los estudios realizados al respecto muestran que 1 de cada 5 niños es alérgico a micro-organismos que se alojan en las alfombras, los muebles, las cortinas y los juguetes: los llamados *ácaros del polvo.* De acuerdo a todas estas investigaciones, los pequeños que residen en hogares con altos niveles de estos agentes alergénicos son mucho más propensos a sufrir de asma; otros estudios indican que, incluso, sólo la inhalación de los huevos de estos micro-organismos provocan estornudos, congestión nasal, y lagrimeo (entre otros síntomas característicos de las alergias).

  Teniendo en cuenta todas estas comprobaciones:

  1. Elimine todos los medios donde los ácaros puedan vivir y reproducirse, limpiando las alfombras y cortinas (por lo menos dos veces a la semana), los baños con agentes que contengan cloro u otros agentes desinfectantes efectivos;

  2. conservando las almohadas y colchones cubiertos con forros plásticos;

  3. manteniendo los muñecos de peluche y felpa (que suelen acumular grandes cantidades de polvo) limpios; y

  4. eliminando las alfombras y cortinajes muy gruesos de la decoración de la casa.
- ¡Convierta el hogar en un lugar libre de la peligrosa contaminación con el plomo! Se estima que (solamente en los Estados Unidos, donde se llevan estadísticas muy precisas al respecto) un promedio de aproximadamente dos millones de niños menores de 5 años tienen niveles elevados de plomo en su sangre. Si la situación no se trata en forma adecuada, estos niveles pueden producir serios daños cerebrales en los pequeños, o —incluso— resultar fatales.

CUANDO EL NIÑO SE ENFERMA... ¿QUE HACER?

Los especialistas sugieren que todos los niños —entre las edades de 9 y 12 meses— deben ser sometidos a un análisis de sangre para determinar este índice de plomo en la sangre; en el caso en que la lectura muestre cifras algo elevadas, es imprescindible que se localicen y eliminen las posibles fuentes del peligroso metal dentro del hogar (por lo general, el plomo proviene de latas de pintura que han estado almacenadas por tiempo, platos y vasijas de cerámica, tuberías de agua, etc.).

CALCIO Y EJERCICIOS... ¡PARA ESTIMULAR EL DESARROLLO DE HUESOS SANOS!

Todos los estudios que se han realizado hasta el presente demuestran que el calcio constituye uno de los elementos nutritivos más importantes para el niño pequeño; considere que de la dosis de calcio que consuma un niño dependerá la fortaleza de sus huesos y dientes, y —en el caso de las niñas— la posibilidad de reducir el riesgo de padecer de osteoporosis una vez que se conviertan en mujeres adultas.

Según los requerimientos nutricionales establecidos por la **Organización Mundial de la Salud**:

- Los niños menores de 11 años deben consumir 800 miligramos de calcio diariamente (aproximadamente).
- Esta cifra se eleva algo con el arribo de la pubertad (a unos 1,200 miligramos diarios).

Incluso, para algunos especialistas, la dosis de calcio diario debe aumentarse a cifras superiores a los niveles mencionados anteriormente, teniendo en cuenta las ventajas que se han observado en los menores a los que se les ha suministrado una dosis adicional de este mineral. Por ello, todos los expertos en Nutrición sugieren hoy que, para que nuestros pequeños reciban la dosis requerida del este mineral vital, se le ofrezcan al niño entre 3 y 5 alimentos ricos en calcio, cada día:

- 1 vaso de leche, por ejemplo (con aproximadamente 240 miligramos de calcio);

- 30 ó 40 gramos de queso bajo en grasas (con 730 miligramos);
- 1 taza de brócoli (175 miligramos); o
- 1 taza de frijoles (con alrededor de 130 miligramos).

Solamente los alimentos anteriores aportarían los requerimientos de calcio de un adolescente para todo un día.

En cuanto a las formas de proveer el calcio, también los expertos en Nutrición opinan que:

- Aunque los productos lácteos contienen mayores cantidades del mineral que las legumbres y los vegetales, las formas de calcio contenidas en estos últimos parecen ser absorbidas más fácilmente por el organismo.

Debido a esta comprobación sugieren que los adultos traten de ofrecer el calcio a los pequeños por medio de diferentes alimentos, y no sólo a través de la leche. Una vía magnífica —recomiendan— es el jugo de naranjas fortalecido con calcio.

El ejercicio físico también parece resultar una forma excelente para ayudar al calcio en su importantísimo papel de fortalecer los huesos del pequeño que se halla en las etapas fundamentales de su desarrollo. Una serie de investigaciones recientes —realizadas en la **Universidad de Indiana** (en los Estados Unidos)— han demostrado los enormes beneficios del ejercicio en el incremento de la masa ósea en los niños. Aunque en las muestras tomadas en consideración durante estas investigaciones solamente se analizó a un grupo de menores que efectuaron una rutina diaria de dos horas de ejercicios durante un período de tres años (e incrementaron en un 8% la densidad de sus huesos), los especialistas aseguran que:

- Los beneficios del ejercicio físico para asimilar el calcio que el pequeño ingiere en los alimentos pueden ser obtenidos con sólo algunos minutos diarios de actividad física intensa (inclusive mientras juega en el patio de su propia casa, o en el parque).

Entre las actividades físicas que sugieren, están la carrera, la danza y cualquier deporte sencillo. El énfasis —según parece— debe ponerse en el fortalecimiento de los huesos y la tonicidad muscular, y no en la formación de músculos, ya que a esta edad tan temprana —señalan las evidencias— los ejercicios de rigor con pesos y las rutinas de este tipo, podrían retardar el crecimiento normal del niño.

¡CONTROLE EL SOBREPESO EN SUS HIJOS... CON EJERCICIOS FISICOS!

No sólo como una manera para fortalecer los huesos y los músculos, sino como una forma de ocupar sanamente el tiempo de nuestros pequeños,

- el ejercicio constituye una de las mejores formas de preservar la salud desde la infancia, en particular cuando se trata de combatir el exceso de peso y las afecciones que el sobrepeso (obesidad) puede causar en el pequeño.

Para los especialistas, no hay mejor vehículo que el ejercicio desde las más tempranas edades para mantener un peso ideal (adecuado a su edad, estatura y constitución física) en el niño y estimular debidamente su sistema inmunológico; sin embargo, recomiendan:

- Es importante que el ejercicio se presente al niño en forma de una actividad recreativa (o juego) y que se dosifique adecuadamente... dependiendo de su edad. Y, en efecto, es imposible para un niño de sólo 3 años establecer la coordinación necesaria para golpear con un bate una pelota que le es lanzada, pero a esa edad sí es perfectamente posible patear una pelota grande y correr detrás de ella.
- Considere que el ejercicio debe ser visto por el niño como una actividad que le produzca placer... y no como un conjunto de reglas o actividades rígidamente planificadas. Pero las actividades físicas más sencillas sí pueden convertirse en medios sanos para ejercitar el cuerpo del pequeño. Durante las primeras edades, por ejemplo, cualquier actividad en el patio o en el parque es una vía positiva de acercarlo al ejercicio; más adelante se pueden incluir algunas formas más serias de ejercitación, como son la natación o el béisbol, e incluso —con niños mayores u adolescentes— los padres pueden participar directamente y promover rutinas colectivas.

¿INACTIVIDAD? ¡ES PRECISO EVITARLA!

El televisor es otra arma de doble filo que debe ser controlado eficientemente por los padres que realmente están interesados en promover la salud física y emocional de sus hijos. No hay duda de que se trata de un medio que logra hipnotizar a la mayoría de los pequeños (según las estadísticas, al llegar a la adolescencia los pequeños han consumido más tiempo frente a él que en un aula escolar), pero es otro factor que contribuye en una forma decisiva a fomentar la obesidad en el niño... y las todas las complicaciones que esta enfermedad provoca. La televisión —y estamos de acuerdo en ello— puede ser un medio altamente instructivo para el pequeño, estimulando su creatividad y ampliando sus conocimientos. Sin embargo, es preciso admitir que en la actualidad la televisión está contaminada por situaciones de violencia y agresividad que están afectando seriamente la formación emocional de infinidad de niños... en todas partes del mundo. Tomando en consideración esta realidad:

- Es importante evitar que el niño se aleje de toda actividad física y que comience a llevar (desde tan pequeño) una vida sedentaria sentado frente al televisor, e ingiriendo por impulso productos alimenticios que son anunciados comercialmente en la propia televisión, consumiendo un número considerable de calorías, sin recibir alimentos ricos en elementos nutritivos realmente importantes para su desarrollo físico.

Según la **Academia de Pediatría de los Estados Unidos**,

- Es importante que los padres establezcan reglas estrictas en la casa en relación al tiempo que los niños pueden permanecer frente al televisor; este período no debe exceder a las dos horas diarias.

Para poder ser inflexibles en ello, es conveniente establecer un horario de los programas que los niños desean ver a través de la semana, de forma tal que la suma del tiempo de cada uno de éstos no sobrepase las dos horas. Otra buena idea para evitar la vida sedentaria del pequeño ante el televisor es proponerle otras actividades que le interesen igualmente y que lo motiven lo suficiente como para aceptar el cambio (desde la práctica de un deporte con sus amiguitos, hasta una visita a un museo o la bi-

LAS VACUNAS: LA MEJOR FORMA DE PROTEGER LA SALUD DEL NIÑO

En la actualidad no existe excusa para no mantener al día las vacunas de nuestro niño; sin embargo, en ocasiones surgen brotes de enfermedades que —paradójicamente— se suponía que estuviesen completamente eliminadas por medio de la inmunización. Para los especialistas, esta situación se debe —en la mayoría de los casos— a la demora innecesaria en la que a veces muchos padres y médicos incurren a la hora de vacunar al niño (alegando para ello que el pequeño está sufriendo los estragos de un virus o una enfermedad, y que la inyección con los anticuerpos de otra podría agravarlos... por ejemplo). Sin embargo —aseguran los especialistas en Inmunología— esto no siempre es cierto y sólo a menos que el niño tenga una fiebre superior los 102 grados, o se halle aletargado de alguna manera, debe posponerse la vacunación.

Recuerde, asimismo, que es recomendable conservar un registro de las vacunas que recibe el niño, de forma tal que podamos tener a mano una información detallada de todas las inmunizaciones y dosis que ha recibido el pequeño (y las que le faltan); considere que un registro de este tipo resulta de vital importancia en el caso de que cambiemos el Pediatra del niño o cuando vayamos a matricularlo en la escuela o alguna institución infantil, y nos pregunten qué vacunas ha recibido el pequeño.

Asimismo, es importante que nos mantengamos debidamente informados en relación a las modificaciones que el sistema de vacunación va experimentando, pues anualmente se hacen revisiones y cambios que pueden beneficiar la salud de nuestros hijos. Si nos aseguramos de que nuestros pequeños estén protegidos con las vacunas establecidas, estaremos avanzando notablemente en el camino de convertirlos en adultos realmente saludables.

blioteca, o estimularlo en la participación de determinados pasatiempos instructivos, como la Filatelia, etc.).

EL CONTROL DE LAS GRASAS

¡Mucha atención!

- Los pequeños requieren no más de 30 gramos de grasa al día.

Sin embargo, la mayoría de los niños consumen una cantidad mucho mayor en quesos y productos lácteos ricos en grasas, en excesos de embutidos, en huevos enteros, y —por supuesto— en pastelería y golosinas cargadas de aceites saturados que son altamente dañinos para el organismo del pequeño. La consecuencia inmediata es el sobrepeso, pero la más grave —y la cual no se manifiesta hasta algunos años más tarde— es la predisposición que estamos creando en nuestros hijos al elevar sus niveles de colesterol, para padecer en el futuro de condiciones tan peligrosas como la diabetes o las afecciones coronarias y vasculares en general.

Algunas recomendaciones que podrían ayudarnos a mantener la grasa bajo control:

- Planifique la alimentación del pequeño durante toda la semana. Desde el mismo momento en que hace las compras de la semana en el supermercado, hasta el instante en que prepara la bolsita del almuerzo o la merienda para que el niño la lleve a la escuela, o la cena por una festividad determinada, los padres deben hacer prevalecer la importancia de seleccionar alimentos bajos en grasas, y enseñar a los niños el por qué de esta decisión... brindándoles siempre opciones que no sólo sean beneficiosas para su salud, sino que resulten agradables para su paladar.
- Enséñele al niño la importancia del desayuno y un buen régimen de alimentación diario. Si los niños hacen un desayuno saludable (cereal, leche descremada, jugo o frutas) se mantendrán satisfechos hasta el horario del mediodía y no tendrán la necesidad de estar ingiriendo golosinas saturadas de azúcar o grasa entre las horas de comida. Si se les enseña a hacer tres comidas al día (tomando en consideración que la última se realice no después de las 6 de la tarde), estaremos

creándoles un horario de alimentación saludable y sentando pautas altamente saludables para el futuro.

- Habitúe al pequeño a hacer meriendas sanas y nutritivas. Hay muchas formas de satisfacer la necesidad incontrolable de algunos niños de estar comiendo algo constantemente, o no resistir la tentación de recurrir a una merienda en la tarde, o de ingerir golosinas antes de ir a la cama. Algunas alternativas positivas que los padres pueden sugerir (u ofrecer) a sus hijos son las frutas, las semillas secas (cacahuetes, girasol, etc.), yogurts, vegetales crudos cortaditos, etc...
- Pero, además, recuerde que los niños aprenden por imitación. Es decir, si nos ven seleccionado una porción de papas fritas en lugar de una manzana, no nos preguntarán por qué las preferimos, sino que nos imitarán cada vez que se les presente la oportunidad de elegir algún alimento entre comidas.
- No establezca, tampoco, una disciplina rígida con respecto a las golosinas y los dulces. Si limitamos a los pequeños al punto de que se sientan privados de las golosinas que todos sus amiguitos disfrutan, sólo conseguiremos que añoren más esas golosinas y que las traten de obtener por sus propios medios (en la escuela, por ejemplo, cuando no los estamos observando directamente). Existen opciones en el mercado que pueden satisfacer estas necesidades por los azúcares, como son los yogurts helados y otros alimentos elaborados con muy poca (o ninguna) grasa.

LOS PELIGROS OCULTOS DEL AGUA QUE BEBE EL NIÑO... ¡ES IMPORTANTE CONOCERLOS!

La contaminación del agua que consumimos habitualmente es un fenómeno bastante común. Se estima que en los países más desarrollados (los Estados Unidos, por ejemplo) hasta un 45% de las personas beben aguas que no cumplen con los requerimientos establecidos por las agencias de salud internacionales. Debido a esta situación (de la cual se habla poco en los medios de comunicación), cada año millones de individuos se enferman por consumir aguas contaminadas... y la mayoría son niños.

¿Es posible proteger al pequeño de los peligros de la contaminación de las aguas que bebemos? En primer lugar es preciso determinar si el agua que se bebe contiene elementos tóxicos, y qué tipo de agentes contaminantes presenta. Después, el paso a seguir debe ser determinar el filtro que debe ser empleado para eliminar esos elementos contaminantes.

A
¿COMO ES EL AGUA QUE BEBE EL NIÑO?

PRIMER PASO: ¡ANALICE EL AGUA!

Aunque hay equipos a la venta en centros especializados que permiten analizar el agua que se consume en la casa, éstos no son del todo confiables; es decir, no son capaces de detectar todos los elementos contaminantes. Por ello, lo más recomendable es recurrir a un laboratorio profesional para el análisis del agua.

SEGUNDO PASO: CONSIDERE LOS RIESGOS...

El tipo de elementos contaminantes depende en gran medida del lugar donde la familia resida:

- Si vive en una gran ciudad, debe preocuparse por la presencia en el agua de los subproductos del cloro, así como del plomo y de los micro-organismos.
- Si reside en un área rural o suburbana —en la que el abastecimiento de agua se obtiene de pozos privados o municipales— es más común

la presencia de nitratos, pesticidas, materias fecales, y bacterias.

B
LOS PRINCIPALES AGENTES CONTAMINANTES

A continuación le ofrecemos una descripción de los agentes contaminantes más comunes:

LOS SUBPRODUCTOS DEL CLORO

Consiste en cloro mezclado con materiales de plantas que se hallan en descomposición. Su presencia se debe a que muchos sistemas municipales de acueducto añaden cloro —algunas veces en cantidades excesivas— al sistema para destruir a los micro-organismos que están presentes en el agua.

- **EFECTOS:** Además de darle al agua el clásico sabor a cloro (similar al del agua de una piscina), el cloro —al combinarse con la vegetación en descomposición— forma los llamados *trihalometanos,* los cuales son responsables de infinidad de casos de tumoraciones cancerosas que se manifiestan en la vejiga y el recto. Desafortunadamente, no es sólo mediante la ingestión de agua contaminada que se presentan los riesgos. Por ejemplo, al tomar un baño con esa agua, se inhalan con facilidad los elementos contaminantes. La utilización de filtros para la ducha —y garantizar que haya una buena ventilación en el cuarto de baño— puede eliminar completamente el peligro, especialmente en el caso de los niños.
- **PERSONAS EN RIESGO:** Los estudios realizados al respecto revelan que las mujeres que se encuentran embarazadas y que consumen un promedio de cinco vasos de agua al día con *trihalometanos* presentan hasta un 10% más de incidencias de abortos espontáneos que aquéllas que consumen agua purificada. En este sentido, las estadísticas son alarmantes en algunas regiones del mundo.

EL PLOMO

Se trata de un metal tóxico que puede provenir de las tuberías a partir de la acción corrosiva de un agua con un alto pH. También puede originarse en depósitos naturales e industriales.

- **EFECTOS**: En los niños menores de 5 años, la contaminación por plomo puede retardar seriamente su desarrollo mental y físico. En los adultos, los altos niveles de plomo con frecuencia aumentan la presión arterial y dificultan la audición.
- **PERSONAS EN RIESGO:** Las personas que viven en casas antiguas, en las que es más probable la corrosión de tuberías y de las soldaduras de plomo empleadas para unir tuberías de cobre.

LOS MICROBIOS

Se trata de bacterias y parásitos. Los más comunes son la giardia y los criptosporidios, que se encuentran sobre todo en las materias fecales. Si los pozos se hallan próximos al ganado o a sistemas sépticos, entonces puede producirse la contaminación. En el caso de los acueductos urbanos, aun cuando ya han sido sometidos a procesos de purificación, las aguas pueden volverse a contaminar si pasan por tuberías donde se encuentren estos organismos parasitarios.

- **EFECTOS:** Los síntomas de la giardiasis y la criptospridiosis incluyen agudos dolores estomacales, diarreas, y la deshidratación.
- **PERSONAS EN RIESGO:** Las mujeres embarazadas, los niños pequeños, las personas de edad avanzada, y aquéllas que presenten problemas en el sistema inmunológico. Se recomienda que estas personas hiervan o filtren el agua que consumen.

LOS NITRATOS

Son agentes inorgánicos, presentes en fertilizantes de nitrógeno, el estiércol, y en las aguas albañales que se filtran en la tierra y en los abastecimientos de agua.

- **EFECTOS:** La presencia de nitratos en el agua corriente puede causar metahemoglobinemia, una condición que se produce cuando los bebés consumen fórmulas preparadas con agua contaminada. Los nitratos se convierten en nitritos, los cuales se adhieren a los glóbulos rojos y evitan que el oxígeno llegue al cerebro. El bebé comienza a asfixiarse y la tonalidad de su piel se vuelve azulada.
- **PERSONAS EN RIESGO:** Los bebés y las mujeres embarazadas (las cuales pueden trasmitirlo a sus bebés). Además, en los adultos, el agua contaminada con nitratos puede provocar hipertensión, trastornos gástricos, y el agrandamiento de la glándula tiroides. Si se mezclan con otras sustancias químicas, los nitratos podrían estar vinculados con unos 15 tipos diferentes de tumoraciones cancerosas; entre ellos, el cáncer de la vejiga, el estómago, el cerebro, los riñones, los pulmones, y el hígado.

LOS PESTICIDAS

Son sustancias empleadas para destruir las hierbas silvestres (o malas hierbas) que afectan los cultivos agrícolas; pueden llegar fácilmente hasta los pozos, y contaminarlos a través de la tierra.

- **EFECTOS:** Muchas de las sustancias pesticidas pueden causar cáncer y provocar serias consecuencias en el sistema nervioso, en particular en los niños pequeños.
- **PERSONAS EN RIESGO:** Aquéllas que se abastecen de agua de pozos poco profundos y que no están protegidos de la contaminación causada por los pesticidas utilizados en los cultivos.

C
¿ES POSIBLE ELIMINAR LA CONTAMINACION?

Existen en el mercado, y al alcance de todos los presupuestos, una gran

¿ES MEJOR BEBER AGUA EMBOTELLADA?

Desafortunadamente, el término *agua embotellada* no es sinónimo de agua limpia... como muchos pudiéramos pensar. En numerosos casos no se trata más que de agua del acueducto municipal. Además, no hay manera de asegurarse de que el agua embotellada ofrezca seguridad para su consumo. En los Estados Unidos, por ejemplo, el agua es considerada como un producto alimenticio; las agencias de salud solamente requieren que en la etiqueta se indique la fuente de procedencia del agua; no es necesario que se especifique cuál es el contenido del agua.

Esta es la información que ofrecen la mayoría de las etiquetas de agua que se vende embotellada:

- **Agua artesiana.** Se trata de agua extraída de un acuificador, una capa subterránea de arena o roca que tenga agua.
- **Agua potable.** Agua corriente con muy poco tratamiento; en algunos casos, no ha sido tratada.
- **Agua mineral.** Agua que contiene sólo minerales naturales de una fuente subterránea (contiene no menos de 250 partes por millón del total de sólidos disueltos).
- **Agua efervescente.** Agua carbonatada naturalmente.
- **Agua de manantial.** Agua extraída de una fuente subterránea que fluye hasta la superficie de la tierra.
- **Agua purificada.** Agua de la que se han eliminado —mediante sistemas de filtración— todos los agentes contaminantes.

variedad de filtros que hacen pasar el agua —por presión o por fuerza de gravedad— por varias láminas de filtro. Son tres los principales tipos de filtros que se emplean en la actualidad:

(1) los filtros de garrafa,
(2) los filtros de grifo, y
(3) los llamados *sistemas de osmosis inversa.*

Los costos de estos equipos pueden oscilar (entre 30 y 1,000 dólares, según el país), y su efectividad es igualmente variable.

Lea cuidadosamente las especificaciones de cada filtro para comprobar qué agentes contaminantes elimina, y así determinar el filtro que resulta más apropiado para sus necesidades específicas.

FILTROS DE GARRAFA

- **¿Cómo funcionan?** Las partículas son atrapadas por láminas de filtro o absorbidas por filtros de carbón activado.
- **Eliminan:** el plomo, el cloro, y varios tipos de sedimentos.
- **No eliminan:** los nitratos, los microbios, o los pesticidas.
- **Costo:** Aproximadamente, entre 30 y 40 dólares; son los más económicos en el mercado.
- **Mantenimiento:** Los filtros deben cambiarse cada 1-3 meses.
- **Observaciones:** Estos filtros constituyen la forma más fácil de filtrar el agua. Pueden colocarse en la meseta de la cocina o en el refrigerador.

FILTROS DE GRIFO

- **¿Cómo funcionan?** Se fabrican en tres tipos diferentes:
  (1) uno se acopla directamente al grifo;
  (2) otro descansa en la meseta de la cocina y se conecta al grifo por medio de una manguera;
  (3) el tercero se conecta directamente al conducto de agua fría debajo del fregadero. Se emplean filtros de carbón activado en combinación con polietileno.

- **Eliminan:** el plomo, el cloro, y el criptosporidio.
- **Costo:** entre 30 y 300 dólares.
- **Mantenimiento:** Los filtros deben cambiarse una o dos veces al año.
- **Observaciones:** Deben leerse las especificaciones para conocer cuáles son los agentes contaminantes que no elimina, dada la variedad de los modelos existentes en el mercado. La mayoría de estos filtros pueden ser instalados fácilmente por el propio comprador. Algunos modelos que se instalan debajo del fregadero pueden requerir de los servicios de un plomero.

SISTEMAS DE OSMOSIS INVERSA

- **¿Cómo funcionan?** El agua pasa a través de dos filtros de carbón y una membrana sintética semi-permeable.
- **Eliminan:** el plomo, el cloro, nitratos, sustancias químicas orgánicas, microbios, pesticidas, e incluso sustancias solubles (como la sal). En el caso de los más potentes, pueden eliminar incluso gases disueltos en el agua (como el radón).
- **Costo:** Son los más caros; cuestan entre 700 y 1,000 dólares.
- **Mantenimiento:** Los dos filtros de carbón deben cambiarse una vez al año; la membrana sintética debe ser renovada cada tres o cinco años.
- **Observaciones:** Para obtener dos litros de agua purificada, desecha de seis a diez litros de agua. Además, ocupa mucho espacio debajo del fregadero.

OTRAS MEDIDAS ESENCIALES PARA PROTEGER LA SALUD DEL NIÑO...

Son varias las medidas que los padres pueden tomar para proteger la salud de sus hijos, y muchas están basadas en la lógica. Considere las que le expongo a continuación:

LAVAR LAS MANOS CON FRECUENCIA... ¡EL MEJOR HABITO QUE PUEDE INCULCAR EN SUS HIJOS!

Se trata de una operación tan sencilla y, sin embargo, muchas personas no le prestan la atención que merece el lavarse las manos con la frecuencia debida. Considere que para los niños, las manos constituyen unos instrumentos vitales para explorar el mundo que los rodea... ¿y qué otra actividad le puede interesar más a un niño que la exploración del medio en que se desenvuelve? Pero precisamente porque las manos siempre están en contacto con ese mundo externo (a veces tan contaminado), éstas recogen infinidad de microbios y bacterias. A este factor súmele la tendencia de los niños a llevarse las manos a la boca y a restregarse los ojos para comprender el foco infeccioso que las manos representan.

Una manera muy fácil (pero a la misma vez muy importante) de controlar la incidencia de los catarros, la influenza, los problemas estomacales, y las infecciones por estafilococos en los niños es acostumbrándolos a lavarse las manos con frecuencia. Las investigaciones que han sido llevadas a cabo al respecto revelan que:

- La mayoría de los microbios y las bacterias que afectan a los recién nacidos, se transmiten mediante las manos sucias de otros niños.

Y, en efecto, las manos son vehículos para trasmitir los microbios que recogieron en el colegio o durante sus juegos. Cuando llegan a la casa, los niños depositan esos microbios en todo lo que tocan, desde los juguetes y el teléfono hasta los alimentos que ingieren.

Enséñele a su hijo, desde muy pequeño, a lavarse las manos después de hacer sus necesidades en el baño, después de jugar, y antes de comer. La forma más efectiva para lavarse las manos es utilizando una buena cantidad de jabón y agua, y restregando sobre todo el área entre los dedos, donde los microbios suelen "esconderse". Este hábito es muy sencillo, y resulta fundamental que los niños lo aprendan e implementen desde muy pequeños.

EVITE QUE EL NIÑO DESARROLLE HABITOS NOCIVOS

Los niños aprenden mediante el ejemplo que le ofrecen sus padres. Si hay adultos en el hogar que fuman, es muy posible que los niños también lleguen a fumar en un futuro... ¡es lo que están viendo desde pequeños, por lo tanto, se trata de un hábito que consideran normal! De acuerdo con investigaciones al respecto, se ha comprobado que si los dos padres de un niño fuman, la probabilidad de que éste fume llega a alcanzar nada menos que un 90%.

El cigarrillo es altamente nocivo para todas las personas, pero muy en especial para los niños. Además de que fumar en el hogar incrementa la probabilidad de que sus hijos sean fumadores en el futuro, el efecto del humo durante la infancia tiene otros efectos negativos. Una encuesta internacional llevada a cabo recientemente demuestra que los niños expuestos al humo de los cigarrillos son más propensos a desarrollar la neumonía, la bronquitis, las infecciones de los oídos, y el asma. En parte esto se debe a que sus cuerpos se vuelven mucho más vulnerables a las enfermedades que los adultos.

Pero no se debe señalar el fumar cigarrillos como el único hábito negativo que puede provocarle daño a sus hijos. Recuerde que el ejemplo que reciben los niños de sus padres es muy poderoso: si los padres toman bebidas alcohólicas en exceso, o participan en el uso de los narcóticos, lo más probable es que los hijos sigan su ejemplo; si la violencia prevalece en el hogar, las posibilidades de que los niños se vuelvan agresivos y violentos también son grandes.

UN HABITO EXCELENTE: ¡ENSEÑE AL NIÑO A SEGUIR UNA DIETA BALANCEADA!

La dieta tiene una influencia poderosa en el desarrollo de los niños, y es esencial que considere los siguientes factores:

- Entre comidas, ofrézcale a sus hijos alimentos saludables, como las frutas y los vegetales, en lugar de los bizcochos, las galletitas, y el queso. Las frutas y los vegetales contienen cantidades significativas de fibra y de vitaminas que los niños necesitan durante su etapa de desarrollo.... ¡y el número de calorías en ellos son pocas!
- Limite la cantidad de jugos y refrescos carbonatados que su hijo beba durante el día. Una manera fácil de controlar las calorías en los jugos es diluyéndolos con un poco de agua. Los refrescos carbonatados también se comercializan en la actualidad sin calorías... prefiera esa variedad.
- No le limite las calorías y la grasa a los niños que tengan menos de 2 años de edad; en esa etapa de su desarrollo los pequeños necesitan la grasa para desarrollar debidamente sus cuerpos, y—en particular—el cerebro.
- Una vez que el niño alcance los 2 años de edad, limítele gradualmente el consumo de la grasa. Por ejemplo, ofrézcale leche descremada al 1% en lugar de la leche entera normal.
- A medida que el niño crece, enséñele a seleccionar alimentos balanceados, ya que de esta manera evitan la obesidad y sus muchos peligros. ¡Su corazón y su sistema circulatorio también se lo agradecerán para siempre!

SI ES POSIBLE, ALIMENTE AL RECIEN NACIDO CON LECHE MATERNA...

La leche materna es el resultado de la evolución genética de los seres humanos. ¡Aproveche lo que le ofrece esta magnífica sustancia natural para alimentar a su hijo recién nacido! Inmediatamente después del nacimiento, el niño es muy vulnerable a contraer enfermedades infecciosas, y esto se debe a que el recién nacido carece de los anticuerpos que su cuerpo requiere para poder neutralizar los micro-organismos que lo tratan de invadir, y es precisamente la leche materna el mecanismo que la Naturaleza ha desarrollado para ofrecerle la protección que él necesita.

Recientemente, la **Sociedad de Pediatras de los Estados Unidos** publicó un estudio médico que compara la incidencia de problemas en la salud entre los recién nacidos alimentados con la leche materna y los niños que adoptaron una dieta con la fórmula sintética. Los resultados fueron sorprendentes:

- Los niños que fueron alimentados con la leche materna presentaron una incidencia de diarreas que llegó a ser hasta un 80% menor que la de los niños alimentados con la fórmula sintética.
- En lo que se refiere a las infecciones de los oídos, el resultado fue similar: los niños alimentados con leche materna redujeron esos problemas hasta en un 70%.
- Asimismo, el estudio demuestra que los niños que recibieron leche materna desarrollaron menos trastornos respiratorios y situaciones de alergia a lo largo de sus vidas.

Aunque los médicos recomiendan que las madres lacten a sus hijos durante los primeros seis meses de vida del niño, tome en consideración que el período más crítico incluye las primeras semanas de nacido. Esto se debe a que una sustancia en la leche materna que fluye solamente durante los primeros días después del parto —el llamado *colostro*— es rico en anticuerpos que le ofrecen una defensa esencial al recién nacido contra las infecciones.

MANTENGA UNA LISTA DE LAS VACUNAS DEL NIÑO... ¡Y OBSERVE LAS FECHAS PARA LAS MISMAS!

Muchas de las enfermedades contagiosas que los niños han sufrido por miles de años (como la varicela y la poliomielitis) han podido ser controladas por la Medicina actual mediante un programa efectivo de inmunizaciones. No obstante, todavía ocurren casos (e inclusive muertes) de incidencia de estas enfermedades simplemente porque los niños no recibieron las vacunas necesarias, o porque las obtuvieron demasiado tarde.

Las fórmulas de las vacunas siempre reflejan los nuevos conocimientos de los científicos. Por esa razón es necesario que consulte con su médico para determinar el programa de inmunización que resulte más apropiado para su hijo. Asimismo, mantenga una tarjeta o un registro especial con las fechas en que le corresponde a su hijo acudir al consultorio del médico para recibir las vacunas necesarias. Inmunizar al niño es una forma de proteger su salud, y prolongar sus años de vida.

VISITE AL MEDICO CON REGULARIDAD... ¡AUNQUE EL NIÑO SEA SALUDABLE!

Recuerde la sabiduría que encierra el viejo refrán español que dice "es mejor prevenir que tener que lamentar"... La realidad es que cuando su niño goza de buena salud, es fácil aplazar la visita al médico que ya tenía programada, o quizás hasta cancelarla. Sin embargo, su médico puede detectar síntomas en su hijo que pueden sugerir problemas mayores. Por ejemplo, una desviación ligera de la columna vertebral puede ser controlada, mientras que si la situación es pasada por alto, los dolores llegarán a ser intensos y la única alternativa consiste en someter al niño —eventualmente— a una intervención quirúrgica.

El médico también puede detectar las deficiencias en la visión y en el oído del niño que pudieran interferir con su desarrollo normal. Tampoco olvide visitar al dentista desde temprano (lo recomendable es que la primera visita sea programada en el momento en que el niño cumpla su primer año de edad). El dentista le puede recomendar productos y rutinas de limpieza de la boca para reducir la incidencia de las caries y de otros problemas en las encías.

ACUESTE A LOS NIÑOS BOCA ARRIBA (DURANTE SUS SIESTAS Y POR LA NOCHE)

En los Estados Unidos, donde se llevan estadísticas muy precisas en lo que se refiere a cuestiones médicas, se estima que anualmente mueren aproximadamente 4,000 niños como consecuencia del llamado *síndrome de muerte infantil repentina (SMIR).* De acuerdo con las investigaciones, se estima que un posible factor causante de esta muerte súbita en los bebés es el hábito de acostar al niño boca abajo, sobre todo cuando el pequeño duerme sobre un colchón muy suave. Por lo tanto, una manera efectiva de reducir la incidencia de este síndrome fatal es forzando a los niños a dormir boca arriba.

No obstante, todavía no se han podido determinar las verdaderas causas del síndrome de muerte infantil repentina. Algunos especialistas opinan que es provocado por un defecto en un área del cerebro que regula el nivel de dióxido de carbono en el cuerpo. De acuerdo con esta hipótesis, en algunos niños que padecen de este defecto, el nivel de dióxido de carbono en la sangre se eleva sin provocar la reacción normal de defensa del cuerpo, que es despertarse para obtener oxígeno.

De cualquier forma, todos los estudios médicos que han sido realizados al respecto en los últimos años demuestran que la incidencia del SMIR se reduce hasta en un 30% cuando el bebé duerme boca arriba. ¡Observe esta precaución!

APRENDA LA TECNICA DE RESUCITACION CARDIO-PULMONAR

El tomar un curso para aprender la técnica de resucitación cardio-pulmonar y saber qué medidas tomar si un niño se atraganta y comienza a asfixiarse es la mejor inversión que puede hacer un padre para proteger la salud de sus hijos durante la infancia. Cuando alguien deja de respirar, los minutos inmediatos después del accidente determinan la probabilidad de poderle salvar la vida. Una vez que el cerebro deja de recibir oxígeno por más de cinco minutos, el daño causado es probablemente permanente, y quizás provoque la muerte del individuo.

La técnica de la resucitación cardio-pulmonar puede mantener al niño vivo mientras espera por la ayuda de un equipo de emergencia médica. Todos los padres deben saber cómo aplicar este procedimiento en caso de que su hijo deje de respirar (por cualquier razón), pero en particular si el niño padece de asma, de algún problema congénito del corazón, o de cualquier otra condición que pueda poner su vida en peligro en un momento dado.

Una variedad de organizaciones ofrecen los cursos de resucitación cardio-pulmonar, y en cualquier hospital le pueden informar sobre los mismos. Asegúrese de que el curso incluya la aplicación de la técnica a niños pequeños; con frecuencia, los cursos para tratar a los adultos y a los niños se ofrecen en sesiones distintas.

UTILICE LOS ASIENTOS DE AUTOMOVIL DISEÑADOS PARA LOS NIÑOS

Para evitar el mayor daño posible durante un accidente automovilístico, use los asientos diseñados específicamente para los niños. Estos aditamentos varían de acuerdo con el país y el tipo de automóvil, pero son muy efectivos en caso de que se produzca un accidente debido a que limitan el movimiento del niño en el vehículo. Tenga presente que su diseño también depende de la edad del niño que lo va a usar. Consulte con su agencia de automóviles para determinar el asiento que resulte más apropiado en su situación.

USE LOS DETECTORES DE HUMO EN EL HOGAR

Finalmente, considere que los detectores de humo en el hogar le pueden salvar la vida a su familia; de hecho, las estadísticas revelan que miles de personas no llegan a morir en fuegos debido a estos detectores que hoy se encuentran al alcance de todos los presupuestos. Asegúrese de que están colocados en lugares estratégicos en la casa para detectar cualquier situación anormal de calor que se presente en las diferentes habitaciones. También asegúrese de que los detectores estén provistos con baterías frescas y de que el mecanismo funcione correctamente. Pruébelos todos los meses para cerciorarse de que se mantienen listos para avisarle del peligro en caso de que surja una situación de emergencia.

CAPITULO 3

¿COMO SE ESTA DESARROLLANDO EL NIÑO? ¡LOS 12 PRIMEROS AÑOS!

Los padres no siempre suelen darse cuenta de la rapidez con que crecen los niños. Sólo quienes ven al pequeño esporádicamente manifiestan una auténtica sorpresa al advertir cómo ha crecido y cómo ha cambiado en períodos relativamente muy cortos. Observar esta transformación es algo realmente fascinante. He aquí un resumen de lo que podemos esperar durante los primeros doce años del niño.

LOS DOS PRIMEROS AÑOS

1
EL PESO

- Si el niño nace al término de un embarazo normal (aproximadamente nueve meses) su peso oscilará entre 2.7 y 4.1 kilogramos.
- Los primeros días de vida extrauterina traerán consigo una disminu-

ción moderada del peso en el pequeño, pero éste generalmente se recupera antes del décimo día.

- A partir de este momento, el niño aumentará entre 140 y 170 gramos a la semana.
- Es de esperar que a los 6 meses el niño ya haya duplicado el peso de su nacimiento, y normalmente lo ha triplicado al cumplir su primer año de vida.
- De entonces en adelante, el aumento de peso seguirá produciéndose, pero en una proporción menor.
- Varios especialistas advierten que la consistencia o regularidad en esta progresión es más importante que el número de kilos aumentados; yo estoy de acuerdo con esta opinión.

2
LA ESTATURA

- Al nacer el pequeño, la estatura generalmente oscila entre 45.5 y 55.5 centímetros.
- Normalmente los varones suelen exceder a las niñas en estatura.
- Durante el primer año, casi todos los bebés crecen hasta un 50% más de lo que medían al nacer, y a ello se puede añadir unos 10.1 centímetros más en el segundo año.

3
LAS PROPORCIONES ANATOMICAS

- Cuando el bebé nace, su cabeza mide (aproximadamente) un cuarto de la longitud total del cuerpo; sus extremidades —por el contrario— son muy cortas.
- El cuello y la caja toráxica son pequeños; el estómago es prominente.
- A medida que el tronco y las extremidades crecen, nos parece que el tamaño de la cabeza del niño es menor. Es evidente que no hay tal disminución; lo que sucede es que —poco a poco— va creándose una proporción más armónica entre las distintas partes del cuerpo infantil.
- Una vez que el niño cumple sus 2 años de edad, su cabeza ya mide

menos de una cuarta parte de la longitud total del cuerpo; el tronco tiene aproximadamente la mitad de esa longitud, y las extremidades inferiores miden —poco más o menos— tres octavos de la estatura total del bebé.

4
LA DENTADURA

- Los dientes comienzan a aparecer alrededor del sexto o séptimo mes.
- Las primeras piezas que brotan son los incisivos.
- A los 2 años, el niño suele tener ya hasta 16 de las 20 piezas que completarán su primera dentición.

5
EL CABELLO

Cuando el pequeño nace, muestra dos tipos distintos de cabello: un pelo fino en la cabeza (que generalmente se pierde durante el primer mes), y un vello lanudo, sumamente fino, que cumple una función protectora y que desaparece de la cara y del cuerpo poco después del nacimiento.

6
LOS OJOS

- Suelen ser grandes, pero de desarrollo aún incompleto en el momento del nacimiento.
- Poco después, el bebé ya puede darse cuenta de la presencia de una luz movible, o del movimiento de un objeto giratorio.
- Sin embargo, hasta que no cumple sus 3 meses, los pequeños músculos que gobiernan sus ojos no están completamente desarrollados.
- En esa primera fase el bebé puede acusar cierta tendencia al estrabismo (o *bizquera,* como muchos conocen esta condición).
- Al cumplir su primer año, es normal que el niño pueda seguir el movimiento de un objeto distante (un pájaro al volar, por ejemplo).
- No obstante, es importante estar conscientes de que durante sus primeros dos años, el niño tiene una visión limitada.

7
LAS FACULTADES AUDITIVAS

Es necesario esperar varios meses para determinar la capacidad auditiva verdadera del bebé. No obstante, diferentes estudios han demostrado que inclusive los bebés que nacen prematuramente son capaces de percibir los sonidos.

8
LOS TEJIDOS Y LOS HUESOS

- Los huesos del cráneo del bebé no están completamente formados cuando nace. Hay fisuras entre ellos (llamadas *fontanelas),* cubiertas por una membrana.
- La fontanela posterior se cierra muy poco después del nacimiento, pero la anterior no termina de cerrarse hasta mucho después (entre los 10 y los 20 meses de edad).
- Los huesos del niño son blandos y van endureciéndose gradualmente gracias al calcio que los alimentos van depositando en sus cartílagos.
- Estudios recientes han demostrado que el número de células adiposas en el organismo humano queda ya fijado durante los dos primeros años de vida del niño, al extremo de que una alimentación excesiva a esta edad puede ser la causa remota de una obesidad en el futuro.
- No obstante, es normal que casi todos los niños pierdan grasa durante el segundo año de vida, a medida que esa grasa va siendo reemplazada por los músculos.

9
EL DESARROLLO MOTOR

- El control muscular y nervioso sobre el organismo emana de la cabeza y desciende hacia el resto del cuerpo. El bebé adquiere primeramente control de su cabeza, después del tronco y, finalmente, de las extremidades.
- Generalmente, a las 28 semanas de nacido, ya tiene un buen control de su tronco y hasta es capaz de sentarse.
- A los 8 meses (o antes) puede comenzar a gatear; y a los 15 meses (o

menos) ya da sus primeros pasos.

- Al cumplir el año, ya el niño suele valerse de los dedos de la mano para agarrar algunos objetos.
- La coordinación muscular se desarrolla notablemente durante el segundo año de vida del pequeño, y no es extraño que, en este período, el niño ya pueda hasta tapar o destapar una lata o un frasco de compotas provisto de tapa de rosca.
- A los 2 años el niño ya camina y corre, aunque con cierta vacilación... pero pierde un poco el control al disminuir la velocidad o al cambiar de dirección al doblar esquinas.

DE LOS 4 A LOS 7 AÑOS

Cuando el niño cumple los 4 años, y hasta los 7, se halla en una etapa de significativa transición en su vida. El niño prescinde mucho de su dependencia anterior, sobre todo a medida que se acerca a los años de libertad mayor que implica la edad escolar. Este período en el proceso de desarrollo del niño también se caracteriza por un notable incremento de las actividades al aire libre, especialmente involucrándose en juegos y carreras. Veamos este interesante proceso en la vida del pequeño, analizado por partes:

1
EL DESARROLLO MOTOR

- Una vez que el niño comienza a ir al jardín de infancia (o *kindergarten),* lo mismo que en los primeros años de la escuela elemental, adopta una postura más erecta y el sentido del equilibrio mejora notablemente.
- La coordinación muscular en los brazos y piernas se desarrolla rápidamente. La de la mano con el ojo, y la de los pequeños músculos en las manos y los dedos, sin embargo, progresa más lentamente.
- La escritura puede ser, por lo tanto, una tarea difícil para el pequeño en esta etapa de su vida. Un niño de 5 años, por ejemplo, puede dibujar un cuadrado, pero generalmente no es capaz de precisar bien la

forma de un diamante hasta que cumpla los 7 años.

- Alrededor de los 5 años se define con bastante precisión si el pequeño será zurdo o diestro.
- En general, a esa edad el control muscular es bastante grande, de modo que el niño se divierte haciendo distintos ejercicios en los que pueda demostrar su agilidad y destreza; asimismo, generalmente le gusta participar en juegos rítmicos, y es por ello que los mismos son tan empleados en los jardines de infancia.
- Aunque a los 5 años el niño permanece largo tiempo jugando en el mismo sitio, suele mostrarse intranquilo y cambiará de postura con frecuencia.
- A los 6 años, al aumentar la destreza muscular, el niño se inclina más hacia aquellos juegos que impliquen detener una pelota al vuelo, por ejemplo.
- Entre los 6 y los 7 años el niño mostrará una facilidad mayor para aprender a escribir con letras de molde.
- A los 7 años, es capaz de permanecer quieto durante períodos más largos, y se alternarán los ratos de vigorosa actividad física con largas pausas de inactividad. Estos cambios son normales.

2
LA DENTADURA

- Al sexto año de vida, el niño comienza a perder sus primeros dientes de leche, y también comienzan a aparecer las primeras piezas permanentes (los molares).
- Los incisivos aparecen aproximadamente un año después.
- Aunque muchas irregularidades en la alineación de la dentadura se corrigen por sí mismas, es recomendable llevar al niño al dentista —en esta etapa— para una comprobación de posibles defectos que ahora pueden ser corregidos fácilmente.

3
EL ESTADO DE SU SALUD

- La posibilidad de contraer enfermedades contagiosas es mayor, desde luego, una vez que el niño comienza a asistir a la escuela. Los catarros y las infecciones naso-faríngeas son frecuentes.

- Enfermedades más graves —como la poliomielitis y el sarampión, por ejemplo— han disminuido considerablemente gracias a las vacunas. Por este motivo, los padres deben asesorarse con el Pediatra que trata al niño acerca del ritmo de las vacunas que debe seguirse durante estos primeros años, y sobre todo, al ingresar a la escuela, donde el pequeño estará expuesto más a la contaminación. El especialista también le informará acerca de las nuevas vacunas que constantemente se desarrollan para combatir las diferentes enfermedades; consulte con el Pediatra la conveniencia de aplicar estas vacunas.
- Las enfermedades tienden a disminuir después que se ha pasado el primer grado escolar, en parte debido al rastro de inmunidad que van dejando las enfermedades anteriores.
- Casi todos los médicos consideran que la extirpación de las amígdalas es innecesaria a esta edad. Se estima que éstas actúan a modo de filtro que ayuda a combatir las infecciones. Algunos especialistas opinan que las amígdalas sólo deben extirparse si se infectan con mucha frecuencia o si presentan huellas de cicatrices.
- En cuanto a los ojos, la percepción del niño habrá alcanzado su desarrollo pleno a los 5 años de edad.

4
LA NUTRICION

- Entre los 4 y los 5 años de edad, el niño ha desarrollado ya muchos de los hábitos que le capacitan para comer solo, aunque todavía puede mostrar algunas dificultades al trinchar las carnes (una situación que también puede presentarse con niños mayores).
- La pérdida de los dientes temporales no suele afectar el apetito ni exigir alteraciones sustanciales en la dieta del niño.
- El pequeño debe ser estimulado a comer platos muy variados, para mantener así una dieta bien balanceada.

5
LAS PROPORCIONES DE SU CUERPO

- En esta etapa del desarrollo del niño, las extremidades crecen proporcionalmente más que el torso y se tornan, asimismo, algo más delgadas.

- Las manos y los dedos, sin embargo, todavía se ven cortos y más gruesos.
- Hay poca diferencia en la silueta de los varones y las niñas durante estos años.
- Los rasgos de la mitad superior de la cara han alcanzado ya proporciones casi adultas, mientras que la mitad inferior, incluyendo la mandíbula, todavía se hallan en su proceso de desarrollo.

6
EL SUEÑO

- A los 5 años el pequeno no exige más que una o dos siestas a la semana.
- A los 6 ya es raro que tome siestas.
- Por las noches, generalmente dormirá un promedio de once horas.

7
LA ESTATURA

- El crecimiento —en lo que a la estatura concierne— es relativamente lento entre los 4 y los 7 años; suele aumentar entre 5 y 5.7 centímetros cada año.
- La estatura media a los 5 años es igual para los varones y las niñas (aproximadamente 1.09 metros).
- A los 7 años, la del varón es de 1.24 metros, mientras que la de la niña será entre 1.22 y 1.23 metros. Son cifras, todas éstas, que deben ser tomadas como promedios.

8
EL PESO

- Generalmente se aumentan —entre los 5 y los 7 años— de 1.70 a 3.15 kilos anuales. Pero el peso puede variar hasta 2.5 y 5 kilos de este promedio, y todavía ser considerado normal.

- El niño de 5 años suele pesar alrededor de 18.5 kilos; la niña casi medio kilogramo menos.
- A los 7 años el varón pesará aproximadamente 24.5 kilos, mientras que la niña alrededor de un kilogramo menos.

MUY IMPORTANTE: Aunque sus hijos sean saludables, no abandone la práctica de pesarlos frecuentemente. La vista a veces nos engaña en nuestras apreciaciones, y es en esta edad —precisamente— que se pueden tomar las medidas oportunas para evitar la obesidad en el niño, que generalmente puede representar la obesidad en el adolescente y en el adulto.

DE LOS 7 A LOS 12 AÑOS

El crecimiento físico en esta etapa de la vida del pequeño se caracteriza por ser gradual, pero sostenido, y paso a paso va llevándonos hasta el momento inmediatamente anterior a la adolescencia. Al aproximarse a los 12 años, comienzan a manifestarse los primeros cambios sexuales en el niño (antes en las niñas que en los varones). Mientras que en muchas de aquéllas se manifiesta la madurez sexual entre los 10 y los 12 años, el varón por lo general no alcanza ese desarrollo hasta aproximadamente los 13 años.

1
LA ESTATURA

- Entre los 7 y los 12 años, el crecimiento del niño se hace más lento que antes.
- La estatura promedio para los varones de 8 años oscila alrededor de 1.29 metros. Las niñas miden —a esa edad— aproximadamente 2.5 centímetros menos.
- Los varones continúan creciendo a razón de 5 centímetros por año.
- A los 12, sin embargo, las niñas suelen ser un poco más altas. El promedio para los varones es de 1.54 metros; las niñas suelen presentar

un promedio de 2.5 centímetros más de estatura.

2
EL PESO

- El peso aumenta en esta etapa en forma sostenida, pero lenta. En este aspecto, las variaciones son mayores que con relación a la estatura.
- El varón de 8 años, por ejemplo, suele pesar alrededor de 27.2 kilos; la niña de esa misma edad pesa aproximadamente 1 kilo menos.
- Ambos aumentan su peso a razón de 2.75 kilos anualmente, hasta cumplir los 10 años.
- A partir de este momento, las niñas aumentan de peso más rápidamente que los varones, llevándoles una ventaja de hasta 2 kilos cuando llegan a los 12 años.

3
LAS PROPORCIONES ANATOMICAS

- Entre los 7 y los 10 años, el cuerpo infantil continúa afinándose, con las extremidades creciendo a un ritmo más acelerado que el tronco.
- Hay pocas diferencias en las proporciones anatómicas de los varones y las niñas.
- Sin embargo, de los 10 años en adelante, los contrastes entre los sexos se advierten más. Los pies y las manos de las niñas parecen ser las partes de sus cuerpos que primero empiezan a crecer a partir de este momento, cuando la madurez sexual se aproxima. Pronto la pelvis y las caderas femeninas comenzarán a ensancharse, y no tardará mucho en comenzar a manifestarse visualmente el crecimiento de los senos.
- A muchas niñas entre los 10 y los 12 años comienza a aparecerles el vello en la zona púbica, así como en las axilas.
- Igualmente, es de esperarse que en esta etapa se manifieste la primera menstruación.
- En este período, el crecimiento óseo y la acumulación de grasa son más rápidos en las niñas que en los varones. Estos comienzan a perder grasa y a sobrepasar a las niñas en fuerza muscular.
- El crecimiento acelerado de los músculos masculinos —en el déci-

mo año de vida— es una primera señal de la proximidad a la madurez sexual.

- No todos los varones alcanzan la madurez sexual a la misma edad, de modo que es fácil advertir las diferencias de los efectos que el desarrollo sexual produce sobre el crecimiento, y éste es el factor por el que los muchachos de 12 años difieren tanto entre sí con respecto a su estatura y demás proporciones físicas.

4
EL ESTADO GENERAL DE LA SALUD

- La mayoría de los varones y las niñas tienen una salud excelente a esta edad.
- Algunos defectos físicos de la vista, el oído y la coordinación motora pueden detectarse a través de la actuación del niño en la escuela. Estos trastornos deben ser siempre atendidos por los padres.
- Asimismo, algunos trastornos de índole neurológica (como la epilepsia, por ejemplo), nunca antes advertidos, pueden hacerse patentes en esta edad entre los 7 y los 12 años.

5
EL DESARROLLO MOTOR

- Entre los 7 y los 8 años, los movimientos del niño se hacen más gráciles y pierden mucho de la torpeza que los caracterizaba hasta ese momento.
- Aumenta, también, la habilidad manual.
- Las actividades deportivas y gimnásticas de los varones y niñas comienza a diversificarse a partir de este momento.
- La escritura se hace más rápida y mucho menos trabajosa (en ambos sexos).
- El varón de 8 ó 9 años de edad se entusiasma con actividades que requieran coordinación de los músculos más pequeños (béisbol y fútbol, por ejemplo), pero todavía son demasiado jóvenes para interesarse en deportes que exijan extremo control y gran precisión (el golf y el tenis).
- La destreza manual y la coordinación motora continúan mejorando

notablemente de los 10 a los 12 años.

- Sus primeras hazañas deportivas empiezan a tener cada vez mayor importancia sicológica y social.

6
LA DENTADURA

- Las piezas permanentes continúan reemplazando a las de leche entre los 7 y los 12 años.
- Entre los 12 y los 13 años de edad, por regla general, ya han surgido 28 de las 32 piezas permanentes.
- Los primeros molares y los incisivos centrales aparecen a los 8 años, seguidos (pocos meses o un año después) por los incisivos laterales.
- Entre los 9 y los 10 años aparecen los caninos de la mandíbula inferior. Los caninos superiores tardan —a veces— hasta dos años más.
- Las bicúspides brotan entre los 10 y los 12 años.
- Y entre los 11 y los 13 aos, los segundos molares.
- Los terceros molares *(cordales* o *muelas del juicio)* no aparecerán sino mucho después, entre los 17 y los 21 años.
- Los tratamientos correctivos de la dentadura por lo general deben iniciarse entre los 9 y los 10 años de edad.

7
LA NUTRICION

- Entre los 7 y los 12 años el niño requiere entre 2,100 y 2,400 calorías diarias.
- Las comidas bien balanceadas y los hábitos regulares de alimentación tienen una importancia especial en esta edad tan importante. Debe evitarse el exceso de dulces entre las comidas regulares, así como el hábito negativo de comer poco y con irregularidad.

8
EL SUEÑO

- La resistencia a la fatiga es ahora muchísimo mayor que en los primeros siete años.

- Los niños de ambos sexos, entre los 8 y los 12 años, suelen necesitar unas diez horas de sueño (como promedio).
- En esta época de la vida del niño hay muy pocos trastornos que sean capaces de interferir con el proceso normal del sueño.
- No obstante, los niños que continúan orinándose en la cama después de haber cumplido los 8 años de edad, pueden necesitar asistencia médica. ¡Esta no debe posponerse!

CAPITULO 4

¿DEBO AISLAR A MI HIJO? ¡REDUZCA EL RIESGO DE QUE EL NIÑO DESARROLLE INFECCIONES COMUNES!

medida que un niño comienza a asistir a la guardería infantil, a jugar con otros niños, a acompañar a su mamá a las tiendas o al supermercado, no hay duda de que está mucho más expuesto a todo tipo de bacterias y virus; por tanto, no es de extrañar que se vuelva mucho más propenso a las infecciones... y de hecho, desarrolla muchas. Pero de la misma mane-ra en que el mayor contacto del niño con el mundo exterior eleva sus riesgos de enfermarse, también aumentan la posibilidades de que él pueda, inadvertidamente, trasmitir sus infecciones a otros.

La experiencia demuestra que la mayor parte de las veces en que los niños se enferman, su condición no llega a ser seria; sin embargo, hasta una simple y común enfermedad característica de la infancia puede hacer sentir a los niños terriblemente mal... y, asimismo, puede contagiar a todas las demás personas que viven en la misma casa. También la expe-riencia pone de evidencia que la mayoría de los padres no sabe cuándo su hijo enfermo debe faltar a la escuela y permanecer en casa, ni tampoco poseen suficiente información acerca de cómo evitar que los gérmenes se expandan a los otros niños que forman parte de la familia, e incluso a los propios adultos. Sin embargo, si se conocen las estrategias médicas y las medidas de cuidado que deben ser tomadas en cuenta para tratar a los niños enfermos es posible reducir en forma significativa el peligro del contagio. En este capítulo le ofrecemos respuestas sencillas a las preguntas más comunes que se hacen los padres cuando uno de sus hijos se enferma y puede trasmitirle a otros su infección.

1
¿DURANTE QUE PERIODO DE TIEMPO EL NIÑO ENFERMO PUEDE CONTAGIAR A LOS DEMAS?

Todo depende de la enfermedad que tenga el pequeño. En el caso de algunas enfermedades, el período de contagio es mayor que en otras; no obstante, las siguientes son las consideraciones que deben ser tomadas en cuenta para las enfermedades que con mayor frecuencia afectan a los niños pequeños:

- **Catarros o gripes.** El contagio de los catarros y gripes se produce durante los tres y cuatro días siguientes a la aparición de los síntomas; también el día antes de que los síntomas se manifiesten.
- **Amigdalitis.** El peligro de contagio se extiende desde el día antes de la aparición de los síntomas de la enfermedad hasta las 24 horas después de que el niño haya empezado a tomar los antibióticos.
- **Varicela.** Hasta que todas las lesiones no hayan formado postilla (un proceso que usualmente tarda entre 7 y 10 días después de que éstas aparecen) existe peligro de contagio. Sin embargo, el nivel de contagio es mayor el día antes de que se manifieste la erupción.
- **Virus estomacales.** Por lo general el peligro de contagio se mantiene durante todo el período de tiempo que el niño sufra de diarreas o fiebre, así como 24 horas después de vomitar.
- **Conjuntivitis.** Si la infección es de índole bacterial, los niños pueden contagiar a otros miembros de la familia desde el momento en que sus ojos enrojecen y comienzan a presentar secreciones lacrimales, hasta las 24 horas después de que los antibióticos han comenzado a ser administrados. La conjuntivitis viral es contagiosa por un período de entre 5 y 7 días.

2
CUANDO EL NIÑO TIENE FIEBRE BAJA... ¿ES NECESARIO MANTENERLO EN LA CASA, AISLADO DE LOS DEMAS?

Hasta hace algunos años, la regla que prevalecía era que cualquier fiebre (hasta la menor destemplanza) era razón suficiente para que el niño no asistiera a la escuela o a la guardería infantil. Es más, se pensaba que la temperatura tenía que ser normal por un período de 24 horas para que el niño pudiera reintegrarse a su centro escolar y a sus actividades habituales. En la actualidad, sin embargo, los médicos no consideran que la fiebre baja constituya un verdadero peligro para la salud en general del pequeño, y la mayoría de los especialistas suelen tomarla en consideración en conjunción con otros síntomas. Por ejemplo:

- Si un niño presenta una temperatura ligeramente elevada (digamos que unos 38 grados centígrados), pero en todo lo demás parece estar bien y hasta siente deseos de jugar, los padres probablemente podrán enviarlo a la guardería infantil o a la escuela.
- Sin embargo, si además de la fiebre de 38 grados C, el niño se muestra letárgico o irritable, lo más recomendable será mantenerlo en la casa. Existe la posibilidad de que esté incubando alguna enfermedad infecciosa, y precisamente ése es el momento en que ésta es más contagiosa. Aislarlo de los demás es una medida de prevención efectiva para evitar enfermar a otros.

3
EL NIÑO NO PRESENTA FIEBRE, PERO NO HAY DUDA DE QUE TIENE CATARRO... ¿DEBE PERMANECER EN LA CASA Y NO IR A LA ESCUELA?

Si los síntomas del catarro son ligeros (por ejemplo, solamente presenta una secreción transparente por la nariz, o escozor en la garganta), no existe la necesidad de que el niño sea aislado del grupo. Por lo tanto, no hay por qué privarlo de asistir a la escuela. No obstante, si el pequeño se siente mal, presenta una tos persistente, su nariz está marcadamente obstruida o las secreciones son de una tonalidad amarillenta, entonces es recomendable que los padres lo mantengan en la casa.

Es importante tener en cuenta que las secreciones nasales siempre son más densas al despertarse. Por lo tanto, antes de tomar la decisión de no enviar al niño a la escuela, los padres pueden ponerle a su hijo algunas gotas salinas en cada fosa nasal y estimularlo a soplar suavemente su nariz. Si las secreciones que quedan son claras, entonces podrá asistir normalmente a la escuela.

4
SI EL NIÑO PRESENTA UNA INFECCION DE OIDO... ¿ES ESTE UN MOTIVO VALIDO PARA QUE NO ASISTA A LA ESCUELA?

De nuevo, si se trata de una infección ligera, el niño no tiene por qué permanecer recluido en la casa. Por *infección ligera de oído* se entiende que el oído del pequeño no esté supurando. Si ésta es la situación, entonces el niño deberá esperar a que transcurran por lo menos 24 horas de haber comenzado a tomar antibióticos para reanudar sus actividades habituales. En ese tiempo, ya el oído no le dolerá tanto como para impedirle jugar o prestar la debida atención en la escuela.

5
SI SE RECOMIENDA QUE EL NIÑO PERMANEZCA EN LA CASA... ¿QUIERE ESTO DECIR QUE DEBE PERMANECER EN EL INTERIOR DE LA CASA Y NO EXPONERSE AL AIRE LIBRE?

Si el niño tiene fiebre o presenta alguna condición especial que exija reposo, entonces deberá descansar o jugar tranquilamente en el interior de la casa; de lo contrario, el objetivo de que permanezca en la casa será únicamente aislarlo de los demás niños en la escuela para evitar el contagio.

El niño podrá entonces salir al jardín, jugar en el exterior, siempre y cuando él desee hacerlo y no exista ninguna condición que pueda agravar su enfermedad.

Si usted se viera obligado a llevar a su hijo enfermo en el automóvil porque tiene, por ejemplo, que ir a recoger a su otro niño a la escuela, deje que el pequeño enfermo viaje en el asiento delantero. Pero si se encuentra en un período altamente contagioso de la enfermedad, entonces procure por todos los medios conseguir a una persona que recoja al otro niño. En estas condiciones, si el niño sano y el enfermo permanecen juntos, las posibilidades de que se produzca el contagio son enormes.

6
CUANDO EL NIÑO VOMITA O TIENE DIARREAS... ¿COMO SE PUEDE DETERMINAR SI SIMPLEMENTE SE HAN INDIGESTADO (POR INGERIR UN EXCESO DE GOLOSINAS, POR EJEMPLO) O SI EN REALIDAD PRESENTA UNA INFECCION ESTOMACAL QUE PUEDA SER CONTAGIOSA?

Diferenciar una indigestión por ingerir un exceso de alimentos de una infección estomacal es verdaderamente difícil; sin embargo, algunos síntomas en particular pudieran ofrecer pistas importantes a los padres... y entre los mismos se encuentra la fiebre. Por lo general, comer en exceso no provoca que la temperatura del cuerpo se eleve; pero un virus sí activa este proceso.

Por otra parte, si los vómitos o las diarreas son frecuentes y persistentes, las posibilidades son mayores de que una infección sea la causante de la situación. En un caso de indigestión por haber comido en exceso, generalmente el niño experimentará solamente un dolor de estómago y vomitará una vez, no muchas veces.

Desafortunadamente, usted probablemente sólo va a poder confirmar que el malestar estomacal de su hijo es contagioso cuando los hermanos o hermanas del pequeño —u otros miembros de la familia que estén en contacto con el pequeño— manifiesten los mismos síntomas (un poco después). En todo momento, considere que las infecciones estomacales son altamente contagiosas.

7
CUANDO EL NIÑO TIENE UNA ENFERMEDAD INFECCIOSA... ¿HAY ALGUNA FORMA EFECTIVA DE EVITAR QUE EL RESTO DE LA FAMILIA SE CONTAGIE?

Lavarse las manos con bastante frecuencia es la mejor forma de evitar el contagio en la mayoría de las infecciones... y especialmente en el caso de las infecciones gastrointestinales. Cuando una infección gastrointestinal se manifiesta, los padres deben estar muy conscientes de lavarse las manos después de cambiar el pañal del bebé, de ayudar al niño a ir al baño, y antes de preparar cualquier alimento. Enseñar a los niños a lavarse las manos regularmente es también muy útil para prevenir el contagio.

Si sus hijos comparten los juguetes, usted también puede desinfectarlos después del juego en la misma forma en que lo hacen en las guarderías infantiles; es decir, lavándolos con agua caliente y jabón, y finalmente rociándolos (o sumergiéndolos) en una solución preparada con una parte de cloro y 64 partes de agua. Si al oler esta solución usted es capaz de detectar el olor característico del cloro, ello quiere decir que ha utilizado este elemento en exceso.

¿Otra medida para evitar el contagio? Separe también las toallas que utilizan los distintos miembros de la familia, especialmente si el niño tiene conjuntivitis.

8
MI HIJO TIENE UN LIGERO CATARRO, Y SU MEJOR AMIGO LO HA INVITADO A PASAR LA NOCHE EN SU CASA... ¿DEBO PERMITIRLO?

Primero que todo, pregúntale a la madre del amigo de su hijo cómo se siente acerca de la situación; además, averigüe si algún miembro de la otra familia presenta alguna condición médica en particular en la que el catarro de su hijo pudiera representar una situación de peligro. Por ejemplo: tal vez la abuela esté tomando medicamentos inmunosupresores para aliviar su artritis, o una tía embarazada pudiera temer que su hijo, en lugar de catarro, tuviera otra infección viral con síntomas muy parecidos a los de una gripe (como el eritema infeccioso, por ejemplo) la cual pudiera ser catastrófica para el feto si la madre no ha sido inmunizada.

9
SI ACCIDENTALMENTE EXPONGO A OTROS NIÑOS A LA ENFERMEDAD DE MI HIJO... ¿QUE DEBO HACER?

Permita que los padres de los otros niños lo sepan inmediatamente. Por ejemplo, si a su hijo le brota la varicela a la mañana siguiente de él haber estado jugando con unos amigos, llame a los padres de éste e informe al respecto. Una vez que los padres de los niños expuestos al contagio están avisados, podrán consultar con el pediatra acerca de las medidas a tomar con sus hijos, sobre todo si éstos presentan alguna condición médica particular en la que la posible enfermedad contagiada pueda constituir un peligro. Tal es el caso de los niños con asma y la varicela; aquellos pequeños que toman esteroides todos los días como tratamiento para el asma presentan un riesgo especial si son expuestos a la varicela.

10
UN NIÑO VISIBLEMENTE ENFERMO (TOSE, ESTORNUDA, Y HASTA TIENE OJERAS PROFUNDAS) QUIERE JUGAR EN LA CASA CON SU HIJO... ¿COMO PUEDE MANEJAR ESTE TIPO DE SITUACION?

Enfréntese a la realidad y proteja la salud de su hijo... ¡no hay otra alternativa que ser muy tajante en estas situaciones! Es decir, no tenga pena de ningún tipo ante la situación que se le ha presentado, y envíe al niño que usted considera que está enfermo de vuelta a su casa. Es evidente que —ante circunstancias como éstas— usted está lidiando con unos padres poco responsables que están poniendo en juego la salud de su hijo... ¡y eso no es justo! Para suavizar el incidente, hable con los padres del amigo de su niño y fije otro día para jugar en su casa... una vez que éste se sienta mejor.

11
SU HIJO TIENE UNA ENFERMEDAD QUE NO ES CONTAGIOSA, PERO LOS DEMAS NIÑOS (E INCLUSIVE LOS ADULTOS) LO MIRAN CON RECELO... ¿QUE PUEDE HACER?

Informar debidamente a los padres de los amigos de su hijo sobre la condición que afecta a éste; es lo más indicado. Antes de que su hijo vaya a jugar a otra casa, llame a los otros padres y explíqueles que él nada más tiene coriza a causa de sus alergias, pero que no se trata de ninguna condición contagiosa. También usted puede enseñar al niño a que él mismo explique su condición. Por ejemplo, si presenta una erupción en la piel que no es contagiosa, pero que puede provocar temor en los otros niños, enséñelo a explicar que —aunque la erupción resulte un tanto repulsiva y le obligue a rascarse con frecuencia— se trata únicamente de un salpullido que no es contagioso.

12
Y TODA ESTA PREOCUPACION CON RESPECTO AL CONTAGIO... ¿NO PROVOCARA PROBLEMAS EN LAS RELACIONES SOCIALES DE LOS NIÑOS?

Usted, como padre, no debe nunca exagerar con respecto a las medidas de precaución que le enseñe a su hijo para proteger su salud. Los niños no deben pensar que todas las enfermedades requieren un aislamiento absoluto, pero sí necesitan aprender a lidiar con las enfermedades de una manera responsable. Para ello es preciso que aprendan ciertas normas elementales de cuidado: cubrir su boca con un pañuelo cuando tosan o estornuden, tirar en la basura sus propios pañuelos desechables con secreciones nasales, y permanecer en casa si realmente se encuentran enfermos. Hasta los niños más pequeños deben entender que una persona no sólo debe evitar enfermarse sino que —cuando es ella la que está enferma— debe procurar no contagiar a los demás. Teniendo esto en mente, no hay duda de que las relaciones sociales se favorecerán.

CAPITULO 5

ENFERMEDADES INFANTILES: ¿POR QUE SE TRASMITEN TAN FACILMENTE?

Muchas son inevitables; otras pueden ser controladas o sus síntomas aliviados. En este capítulo le informamos cómo puede evitar el contagio, y las vacunas que debe utilizar para prevenir las enfermedades infantiles más comunes.

La mayoría de los pediatras y padres están de acuerdo en que cuando un niño se enferma con una condición contagiosa (como un catarro, influenza, infección de la garganta, o diarreas), es difícil evitar que otros niños se contagien, mucho menos cuando se trata de niños que viven o pasan algún tiempo juntos... como hemos considerado en el capítulo anterior. Los hermanos, por ejemplo, están en frecuente contacto los unos con los otros, utilizando muchas veces los mismos juguetes y objetos en el hogar, todos los cuales pueden ser focos de trasmisión de gérmenes. De igual forma, los niños que asisten a guarderías infantiles y escuelas son también un blanco perfecto para la trasmisión de enfermedades, ya que ellos interactúan durante todo el día, tocándose los unos a los otros, usando el mismo baño, o siendo cambiados de pañal en la misma área. Por este motivo, las posibilidades de contagio cuando uno de estos niños adquiere una enfermedad son extremadamente altas.

Otro elemento que facilita aún más la trasmisión de la mayoría de las llamadas *enfermedades infantiles* es que los niños son usualmente focos de contagio durante por lo menos veinticuatro horas antes de manifestar cualquier síntoma de la condición que les afecta; por lo tanto, en el momento en que los padres se dan cuenta de que su hijo está enfermo, ya el niño ha tenido tiempo más que suficiente para infectar a muchos a otros.

Sin embargo, aunque los gérmenes se hallan en todas partes, y evitar el contagio puede ser bastante difícil, sí existen recursos para mantener a los niños protegidos. Si usted identifica cuáles son las enfermedades que con más frecuencia se presentan en la infancia, cuáles son sus causas, y cómo pueden trasmitirse, los padres pueden establecer de alguna manera estrategias de prevención realmente efectivas. En este capítulo le ofrecemos algunas de las más importantes.

1
VARICELA

La varicela es una de las enfermedades infantiles más comunes, y posiblemente se halla entre las más contagiosas. Es causada por el virus de la varicela-zóster (un miembro de la familia de los herpes), y entre los síntomas más reveladores de la enfermedad se encuentran los siguientes:

- Escozor.
- Pequeñas vesículas o ampollas llenas de líquido, las cuales aparecen en todo el cuerpo del pequeño enfermo.
- Dolores abdominales, o un malestar general que se prolonga por uno o dos días.

Acompañando a estos síntomas se manifiestan también fiebre (durante el primero o segundo día), dolor de cabeza, y falta de apetito.

Las ampollas usualmente aparecen entre los 10 y 21 días después de que el niño fue expuesto al virus por primera vez. Nuevas vesículas usualmente brotarán durante los 3 y 5 días siguientes, para después comenzar a crear postillas. Los niños enfermos constituyen un foco de contagio desde unas 24 horas antes de que la erupción aparezca, hasta el momento en que la última ampolla termine de crear postilla.

Como los niños pueden transmitir la varicela antes de que la erupción sea evidente, es difícil prevenir su trasmisión. No obstante, una vez que usted detecte que su hijo presenta los síntomas de esta enfermedad, manténgalo alejado de los bebés y de otros niños con padecimientos crónicos o deficiencias inmunológicas, en los cuales la varicela podría provocar complicaciones peligrosas. En la actualidad se ha desarrollado una vacuna contra la varicela para los niños comprendidos entre los 12 y 18 meses de edad.

2
CATARROS E INFLUENZA

Con más de 200 virus que pueden causar el catarro común, y uno o más tipos de virus de la influenza circulando en la población general, es muy difícil que el niño no se enferme con catarro o influenza alguna que otra vez. Tanto los catarros como la influenza son trasmitidos a través de la tos o los estornudos de una persona infectada, o por medio del contacto con las manos u objetos contaminados. Contrariamente a la creencia popular, estas dos enfermedades no son causadas por las temperaturas frías, la humedad, las corrientes de aire, o las variaciones en el clima.

Aunque el catarro común y la influenza presentan algunos síntomas que son similares, pueden ser distinguidos en varias formas. Por ejemplo:

- Los catarros se desarrollan gradualmente y se caracterizan por desarrollar una fiebre de bajo grado, estornudos, tos, dolor de garganta, secreción nasal, y dolor de cabeza.
- La influenza, en cambio, generalmente ataca súbitamente con una fiebre alta, dolor de garganta, dolores musculares, tos, y dolores de cabeza frecuentes.
- Mientras que los catarros duran de 3 a 10 días, la influenza puede prolongarse de 7 a 14 días.

Ante una epidemia de influenza, hable con el pediatra sobre la posibilidad de que el niño reciba o no las vacunas de la influenza. Estas inmunizaciones son comúnmente administradas los meses antes de que comience la temporada de frío (que por experiencia es la estación en que la influenza se activa más), y necesitan ser recibidas anualmente. Las vacunas de la influenza son generalmente recomendadas para niños que padecen de enfermedades crónicas (como diabetes, asma, cáncer, y enfermedades cardiovasculares), pero no son recomendables para los niños normalmente saludables.

3
CONJUNTIVITIS

La conjuntivitis es una enfermedad común de los ojos que puede ser causada tanto por bacterias como por virus. La condición consiste en la inflamación de la conjuntiva (la delicada membrana que tapiza los párpados y cubre la porción anterior del globo ocular), provocando una coloración rosada en el área blanca del ojo y una descarga amarillo-verdosa.

La conjuntivitis puede ser fácilmente trasmitida si el niño infectado toca a otro niño o a un juguete común después de haberse frotado sus ojos. Para ayudar a prevenir su contagio:

- Haga que el niño se seque con su propia toalla; asegúrese de que no la comparta con nadie más.
- Enséñele a su hijo a lavarse las manos frecuentemente, especialmente después de tocarse los ojos.
- Lave sus propias manos cuidadosamente después de administrarle a su hijo una medicación en los ojos.

4
GASTROENTERITIS

La gastroenteritis es una infección intestinal que puede ser causada por algunos virus, como es el caso del llamado *rotavirus.* También puede deberse a bacterias o parásitos, encontrados principalmente en aguas no no purificadas o en suministros de comida.

La infección puede causar:

- Vómitos.
- Diarreas.
- Dolores estomacales.

BACTERIAS Y VIRUS: LOS DOS TIPOS DE GERMENES CAUSANTES DE ENFERMEDADES

Las enfermedades contagiosas pueden ser causadas tanto por bacterias como por virus:

- **Las bacterias** son diminutos organismos vivientes que existen en nuestros cuerpos y en nuestro ambiente; pueden ser encontradas en superficies húmedas (como los fregaderos y baños), así como en las cocinas y en otras áreas donde los alimentos son preparados y almacenados.
- **Los virus**, por su parte, se alimentan de las células del cuerpo para poder sobrevivir. Algunos pueden expandirse a través del aire, mediante la tos y los estornudos de la persona infectada; otros pueden trasmitirse a través del contacto de mano a mano, o manipulando objetos contaminados (tales como juguetes, tazas, servilletas o agarraderas de las puertas). Sin embargo, como los gérmenes virales no pueden sobrevivir alejados del cuerpo por más de unas pocas horas, estos micro-organismos no podrán durar vivos por mucho tiempo sobre las superficies y objetos inanimados.

- Fiebre.

Los virus que causan la gastroenteritis se trasmiten comúnmente a través de la vía fecal-oral; es decir, los gérmenes de las deposiciones infectadas de un niño llegan a las manos y después a la boca. Por eso, lavarse las manos después de cambiar el pañal o ir al baño a mover el vientre es extremadamente importante para evitar el contagio de la gastroenteritis. De igual forma, eliminar los pañales sucios rápidamente es también una im-

La mayoría de las enfermedades que los niños contraen y trasmiten son de naturaleza viral. Estas incluyen la varicela, los catarros comunes, la influenza y la mayoría de los trastornos diarréicos. La diferencia más importante entre las infecciones bacteriales y virales es que las primeras pueden ser eliminadas por medio de antibióticos, mientras que las segundas no. El cuerpo sí puede ser inmunizado contra ciertos tipos de virus, pero si no existe una vacuna disponible para una enfermedad viral en particular, entonces el sistema inmunológico tendrá que luchar solo contra el germen que la causa.

En la mayoría de las infecciones virales que el niño adquiere, todo lo que usted podrá hacer es tratar de aliviar sus síntomas para lograr que el pequeño sienta algún alivio. Usted puede ofrecerle a su hijo:

- Algún analgésico y medicamento antipirético (para controlar la fiebre), como el acetaminofén o ibuprofén. Estos medicamentos también reducen el dolor.
- Una dieta de líquidos claros (agua, caldos y sodas), los cuales pueden aliviar las náuseas estomacales y mantener al niño hidratado. Si es necesario, el pediatra podrá recomendarle una solución de electrolitos que se vende sin prescripción facultativa para ayudar a hidratar nuevamente al niño.
- Una dieta balanceada y un descanso absoluto, lo cual es también muy importante para ayudar al niño a vencer la enfermedad más rápidamente.

portantísima medida de prevención para controlar el contagio.

5
BRONQUIOLITIS

La bronquiolitis es una enfermedad infecciosa común del tracto respira-

9 ESTRATEGIAS ANTI-GERMENES

1. Enseñe a su hijo a lavarse las manos con agua tibia y jabón antes y después de comer, así como después de ir al baño, toser, estornudar, o soplarse su nariz.

2. Asegúrese de que los adultos que cuidan o rodean a su hijo también se laven las manos con frecuencia, sobre todo después del baño y del cambio de pañales.

3. Use vasos desechables en el baño.

4. Asigne toallas separadas para cada miembro de la familia; use papel toalla en la cocina.

5. Diariamente, aplique desinfectantes en los baños y áreas de cambios de pañales; semanalmente limpie a fondo estas áreas con jabón y agua caliente para prevenir el desarrollo y acumulación de bacterias.

6. Asegúrese de que su hijo reciba una dieta balanceada y descanse lo suficiente. Los niños que son sometidos a una pobre nutrición y descanso limitado son más susceptibles a contraer las enfermedades infantiles.

7. Enseñe a su hijo a estornudar y toser directamente sobre su hombro o brazo en lugar de sobre sus manos; de esta forma, la trasmisión de los gérmenes a otras personas será más difícil. ¡Un método de prevención esencial!

8. Lave regularmente con agua tibia y jabón todos los juguetes plásticos de sus hijos, sobre todo si son niños pequeños. Recuerde que los pequeños llevan éstos y otros objetos a la boca por instinto... ¡una forma fácil de contagio!

9. Enseñe a su hijo a no compartir con otros sus cucharas, tenedores, vasos, absorbentes... ¡ni siquiera sus alimentos! Darle a otro niño o adulto un sorbo de su jugo o un mordisco de su galleta es una invitación abierta al intercambio de gérmenes. ¡Evítelo!

torio bajo, la cual por lo general afecta a los bebés menores de 6 meses de edad. La causa más común de esta condición es el llamado *virus sincitial respiratorio,* el cual también puede causar un catarro o una enfermedad del tracto respiratorio superior en los niños mayores y en los adultos.

El virus sincitial provoca que el revestimiento de los pasajes nasales se inflamen y se saturen de mucosidades, lo cual trae consigo una respiración dificultosa y silbante. Otros síntomas de la enfermedad incluyen:

- Secreciones nasales.
- Tos y fiebre (entre 38 y 39 grados centígrados).

Para prevenir el contagio del virus sincitial, trate de mantener a los bebés menores de 6 meses de edad completamente alejados de los adultos y niños mayores que estén afectados con catarros. El lavado frecuente de las manos es también otra medida preventiva importante.

6
ROSEOLA

La roseola es una enfermedad viral común que afecta principalmente a los niños menores de 2 años de edad. Causa fiebre alta (de entre 38 y 40 grados centígrados) que puede durar entre 3 y 7 días. Tan pronto como la fiebre cede, un salpullido ligeramente elevado e irregular aparece por todo el cuerpo. El salpullido usualmente desaparece dentro de las 24 horas siguientes, lo cual señala el fin de la enfermedad.

Como la roseola puede transmitirse por partículas respiratorias expelidas al aire al toser, estornudar, o hablar (también por contacto de mano a mano o a través de los objetos contaminados), es muy importante mantener al niño enfermo alejado de los demás hasta que el salpullido desaparezca, una indicación de que la enfermedad ya no es contagiosa.

7
ROTAVIRUS

El rotavirus es la causa más común de las diarreas que con frecuencia se presentan en los pequeños. La enfermedad, que dura de 3 a 8 días, se caracteriza por presentar síntomas como son la fiebre, vómitos, y deposiciones abundantes y acuosas.

Como los niños pueden resultar infectados con el rotavirus, pero no enfermarse, la enfermedad puede expandirse con mucha facilidad. Para ayudar a prevenir su transmisión:

- Asegúrese de lavar sus manos con agua tibia y jabón inmediatamente después de cambiar el pañal de su hijo.
- Asegúrese de que la guardería infantil a la que asista su hijo tenga áreas separadas para la alimentación y los cambios de pañal.

8
ENFERMEDAD DE COXSACKIE

También conocida como "la enfermedad de las manos, pies y boca", ésta es una condición típica de los meses de más calor. Es causada por el virus *coxsackie A,* el cual provoca la aparición de pequeñas vesículas o ampollas llenas de fluido, en la boca, en las palmas de las manos, en las plantas de los pies, y —algunas veces— también en el trasero del bebé. Aunque las ampollas en las manos y los pies pudieran no doler, las de la boca sí pueden resultar particularmente molestas. Como síntoma adicional, el niño también pudiera presentar fiebre baja.

El virus coxsackie puede ser trasmitido fácilmente porque el niño que es portador del mismo lo trasmite desde los 3 a los 5 días antes de desarrollar algún síntoma. Sin embargo, como la enfermedad no es generalmente seria, no es necesario aislar a los niños que son portadores del virus. Su condición usualmente mejorará entre los siguientes 3 a 4 días; la erupción, en cambio, tardará unos 10 días en desaparecer.

9
ENFERMEDAD QUINTA O ERITEMA INFECCIOSO

Causada por el parvovirus B19, la *enfermedad quinta* (también llamada

LAS VACUNAS EN LOS NIÑOS

Las vacunas constituyen una de las armas más efectivas en la lucha contra las enfermedades infantiles. Ellas están basadas en el hecho de que la exposición a los micro-organismos productores de enfermedades —debilitados o muertos en forma de vacuna— logra que la persona produzca los mismos anticuerpos que podría desarrollar si hubiera contraído realmente esa enfermedad. Y, en caso de que esos micro-organismos ataquen en el futuro, el sistema inmunológico, armado con esta especial y única memoria, los reconocerá y destruirá.

Muchas de las más serias enfermedades contagiosas de la infancia pueden ser prevenidas por medio de las siguientes vacunas que hoy están disponibles para los niños:

■ **Difteria, tétanos, tos ferina:** Esta vacuna —también conocida como *DTT* o *triple*— protege contra estas tres peligrosas enfermedades bacteriales altamente contagiosas. La difteria y la tos ferina pueden ser transmitidas por la tos y los estornudos, mientras que el tétanos puede ser adquirido a través de una cortadura o pinchazo. Una nueva vacuna con menores efectos secundarios ha sido diseñada recientemente para los bebés.

■ **Poliomielitis:** Esta vacuna protege contra la poliomielitis, una enfermedad viral que puede causar severo dolor muscular, respiración dificultosa y parálisis de los brazos y piernas. Consiste actualmente en una serie de cuatro dosis orales, administradas desde los 2 meses hasta los 4 a 6 años de edad, pero se espera que una vacuna inyectable pronto reemplace las dos primeras dosis orales.

■ **Sarampión, paperas y rubéola:** Protege contra estas tres enfermedades virales, altamente contagiosas, las cuales pueden trasmitirse a través de las partículas respiratorias expelidas al aire al toser y estornudar.

LAS VACUNAS EN LOS NIÑOS
(continuación)

- **Hib:** Esta vacuna ha sido diseñada para prevenir una amplia gama de infecciones en los niños pequeños causadas por la peligrosa bacteria *hemofilus influenzae tipo B,* entre las que se destacan la meningitis bacterial, una inflamación del cerebro y la médula espinal. La bacteria hemofilus influenzae puede ser trasmitida a través del contacto directo con una persona infectada o por partículas infecciosas que se encuentran en suspensión en el medio ambiente.
- **Hepatitis B:** Esta vacuna protege contra la hepatitis tipo B, una infección viral del hígado que puede provocar problemas crónicos del hígado, incluyendo el cáncer. Esta enfermedad puede ser trasmitida a través de una cortadura abierta u otro contacto con sangre; de igual forma, una madre infectada puede trasmitírsela a su bebé y también puede adquirirse por contacto sexual.
- **Varicela:** Esta vacuna —relativamente nueva— previene la varicela, una infección viral que puede adquirirse a través del contacto directo con un niño infectado o por medio del contacto con partículas contaminantes que se encuentran en suspensión en el ambiente.

¿QUE VACUNAS NECESITA EL NIÑO?

DEL NACIMIENTO A LOS 2 MESES:
- Hepatitis B (1ra. dosis)

A LOS 2 MESES:
- Difteria, tétanos, tos ferina (1ra. dosis)

- Poliomielitis (1ra. dosis)
- Hepatitis B (2da. dosis)
- Hib (1ra. dosis)

A LOS 4 MESES:

- Difteria, tétanos, tos ferina (2da. dosis)
- Poliomielitis (2da. dosis)
- Hib (2da. dosis)

A LOS 6 MESES:

- Difteria, tétanos, tos ferina (3ra. dosis)
- Hepatitis B (3ra. dosis)
- Hib (3ra. dosis)

ENTRE LOS DOCE Y DIECIOCHO MESES:

- Difteria, tétanos, tos ferina (4ta. dosis)
- Hib (4ta. dosis)
- Poliomielitis (3ra. dosis)
- Sarampión, paperas, rubeola (1ra. dosis)
- Varicela

ENTRE LOS 4 Y LOS 6 AÑOS:

- Difteria, tétanos, tos ferina (5ta. dosis)
- Poliomielitis (4ta. dosis)
- Sarampión, paperas, rubeola (2da. dosis)

ENTRE LOS 11 Y LOS 16 AÑOS:

- Hepatitis B (si esta vacuna no fue recibida en los primeros años de la infancia debe ser administrada entre los 11 y 12 años de edad).
- Varicela (si no fue recibida anteriormente; preferiblemente el niño debe ser vacunado antes de los 13 años).
- Reactivación de difteria, tétanos, tos ferina.

eritema infeccioso) puede incluir entre sus síntomas iniciales:

- Dolores de cabeza.
- Un bajo grado de fiebre.
- Un ligero dolor de garganta.
- Algunas veces, sin embargo, la enfermedad comienza siendo completamente asintomática.

La erupción típica de esta enfermedad comienza en las mejillas, dándoles a éstas un color rojo brillante. A medida que este salpullido desaparece, otra delicada erupción (con apariencia de encaje) brota en los brazos y piernas, y se prolonga por unos 5 días. Este salpullido también puede desaparecer y reaparecer nuevamente en unas pocas semanas.

La enfermedad quinta puede ser transmitida en muchas de las mismas formas en que lo hacen otras enfermedades infantiles. Por ejemplo:

- A través de partículas respiratorias expelidas al aire al toser, estornudar, o hablar.
- Mediante el contacto directo con una persona infectada.
- Por medio de objetos contaminados.

Al igual que ocurre con otras enfermedades virales, la enfermedad quinta es fácilmente trasmisible porque el niño afectado por la condición es foco de contagio antes de que el salpullido brote. Una vez que el salpullido aparece, el peligro de contagio desaparece.

CONCLUSION

Es evidente que no es posible pretender que el niño crezca en un mundo completamente estéril, sin riesgos de contraer enfermedades e infecciones. Sin embargo, enseñándole algunas normas de cuidado general, usted sí podrá mantener los gérmenes alejados del pequeño y vigilar su salud.

CAPITULO 6

LOS ANTIBIOTICOS: ¿SON EFECTIVOS EN SU HIJO?

El caso de **Julio J.** —un niño de sólo 10 años de edad— es típico. Julio había sido siempre un niño muy saludable, hasta que un día la madre comprobó que su estado de ánimo estaba cambiando radicalmente. Se le veía decaído, le costaba trabajo despertarse e ir a la escuela en las mañanas, no le interesaba mayormente jugar con sus amigos, y apenas quería comer. Cuando le puso el termómetro para determinar cuál era su temperatura, se alarmó: el niño tenía fiebre. Desde hacía tres meses, Julio había estado tomando tres tabletas diarias de antibióticos que el pediatra le había recomendado en una oportunidad, y con ese medicamento la madre esperaba curarle la infección en los oídos que ahora se le había presentado. El especialista no fue consultado en esta oportunidad, porque la madre consideró que se trataba de una "infección menor" y que, con los antibióticos, podría controlarla facilmente. Sin embargo, ni siquiera con ese tratamiento el pequeño mostraba mejoría alguna... La única alternativa, desde luego, era llevar al niño al pediatra.

El especialista lo examinó detenidamente, comprobó que la infección en los oídos no había cedido, y le inyectó (por vía intravenosa) un antibiótico con el que consideró que la infección podía ser controlada. Y, en efecto, así fue... sólo que al cabo de una semana, Julio había desarrollado meningitis, la inflamación de la membrana que cubre el cerebro, debido a una infección causada por neumococos. Los análisis de laboratorio realizados demostraron que la bacteria era resistente a la penicilina, así como a los antibióticos que el niño había estado tomando anteriormente. La alternativa: un tratamiento intensivo a base de *vancomicina,* otro antibiótico muy potente. Solamente un día después de iniciado ese tratamiento, su estado de salud comenzó a mejorar, aunque su restablecimiento no fue total hasta dos semanas después, cuando volvió a ser el niño alegre y saludable de siempre.

Casos como el de Julio, desafortunadamente, son cada vez más comunes, porque no hay duda de que los antibióticos han estado de moda en los últimos años. No es de extrañar que numerosas enfermedades se hayan vuelto resistentes a casi todos los antibióticos conocidos, incluidos algunos de los que los médicos recetan con mayor frecuencia: la penicilina, la tetraciclina, y la estreptomicina.

■ Esa inmunidad que tantos micro-organismos han desarrollado a los antibióticos hasta ahora más efectivos están afectando peligrosamente la salud de muchos niños; algunos han sufrido la pérdida definitiva de la audición, daños neurológicos devastadores, y el índice de mortalidad infantil está aumentando en proporciones alarmantes en algunas áreas, precisamente porque los antibióticos (que antes se consideraban altamente efectivos para combatir cualquier infección causada por bacterias) ya no son capaces de cumplir su misión.

¿Por qué está sucediendo este fenómeno, a nivel mundial? Los especialistas opinan que esta resistencia que las bacterias han desarrollado a los antibióticos más potentes se debe, en algunos casos, a que el antibiótico que se ha usado para tratar una infección determinada no ha sido el apropiado. También es posible que el antibiótico no haya sido utilizado en la forma exacta prescrita por el médico, y que su uso haya sido interrumpido antes de que el tratamiento llegara a su final. En otros casos, la dosis del antibiótico recetado —evidentemente— no ha sido la correcta.

Desde luego, no son éstos los únicos factores que pueden estar causando la inmunidad de las bacterias a los antibióticos de uso común en el tratamiento de los niños. Algunos científicos opinan, por ejemplo, que:

■ Los niños pueden desarrollar resistencia a los antibióticos a través de

¡CUIDADO CON LAS REACCIONES DEL NIÑO A LOS ANTIBIOTICOS!

Si el niño presenta alguno de los síntomas que aparecen a continuación, informe inmediatamente a su médico. Si no logra hablar con él, lleve al pequeño al hospital más cercano. ¡El tiempo es salud en casos de este tipo!

- Cualquier tipo de erupción o enrojecimiento que se desarrolle en la piel.
- Hinchazón.
- Urticaria.
- Dificultad al respirar.

la leche y los alimentos que ingieren, debido a que éstos muchas veces contienen residuos de esos medicamentos, los cuales fueron empleados para tratar determinadas infecciones en las vacas.

- Sin embargo, la mayoría de los especialistas considera que en verdad esos residuos son mínimos y, por lo tanto, no pueden crear resistencia a los antibióticos en los seres humanos.

No obstante, muchos pediatras consideran que los antibióticos han ido perdiendo progresivamente la efectividad que una vez tuvieron en el tratamiento de las infecciones bacterianas debido a un solo factor: el uso excesivo de los mismos. "Por supuesto, ese uso excesivo puede desarrollar resistencia a estos medicamentos", explica el **Doctor Michael D. Blum**, Pediatra especializado en el tratamiento de enfermedades infecciosas, y miembro de la **Administración de Drogas y Alimentos de los Estados Unidos** (la organización gubernamental que controla los alimentos y medicamentos que los norteamericanos consumen). "No hay duda de que algunos padres presionan a los médicos para que les prescriban a sus hijos antibióticos, aun cuando la enfermedad

GUIA PARA EL USO DE LOS 5 ANTIBIOTICOS QUE CON MAS FRECUENCIA RECETAN LOS MEDICOS

1. AMOXILINA

- Nombre genérico: **penicilina**.
- Se emplea: para el tratamiento de las infecciones en el oído, la nariz, la garganta y el tracto respiratorio inferior, así como para las infecciones de la piel.
- Efectos secundarios: erupciones, náuseas, vómitos y heces fecales de consistencia blanda.
- Contraindicaciones: la penicilina no debe usarse si existe una reacción alérgica anterior al medicamento.

2. BACTRIN

- Nombre genérico: **trimetoprima-sulfametoxazole**.
- Se emplea: en casos de otitis media aguda y para algunas infecciones en el tracto urinario.
- Efectos secundarios: erupciones en la piel, y ampollas en la piel o en las mucosas bucales.
- Contraindicaciones: no se recomienda en el caso de hipersensitividad a la trimetoprima o la sulfametoxozole

3. BIAXIN

- Nombre genérico: claritromicina.

- Se emplea: para el tratamiento de la otitis media aguda, y la otitis media con secreción.
- Efectos secundarios: diarreas, náuseas, vómitos, y calambres estomacales.
- Contraindicaciones: no debe emplearse con los pacientes de asma que estén tomando medicamentos como la teofilina. Asimismo, no está indicada para los niños que padezcan de trastornos hepáticos.

4. CECLOR

- Nombre genérico: **cefalosporina**.
- Se emplea: en situaciones de otitis media aguda, e infecciones del tracto respiratorio inferior.
- Efectos secundarios: diarreas, náuseas, vómitos, escozor, salpullido.
- Contraindicaciones: no se recomienda a la persona que ha tenido reacciones anteriores a la penicilina o a medicamentos con cefalosporina.

5. ERITROMICINA

- Nombre genérico: **eritromicina**.
- Se emplea: para las infecciones generales del tracto respiratorio, así como para el llamado *impétigo* (una infección de la piel que es altamente contagiosa, y que se desarrolla generalmente en los niños, alrededor de la nariz y la boca).
- Efectos secundarios: diarreas, náuseas, vómitos, y calambres estomacales.
- Contraindicaciones: no se recomienda en los pacientes de asma que estén tomando medicamentos con teofilina, así como en los niños que presenten trastornos o cualquier afección del hígado.

que los afecte no los requiera... creyendo que con ellos se van a curar más rápidamente y sin estar conscientes del daño que están provocando con estos conceptos totalmente erróneos".

"La resistencia a los antibióticos se está produciendo en el caso de casi todos los organismos que causan infecciones en los niños", explica la **Doctora Marilyn C. Roberts**, Profesora de Patología de la **Universidad de Washington** (Estados Unidos). "Si se prescribe un antibiótico que no es el más apropiado para tratar una enfermedad determinada... o si el antibiótico se usa en la forma indebida... los efectos pueden ser desastrosos: los antibióticos neutralizarán a los organismos infecciosos más débiles, pero permitirán que los más fuertes resistan las dosis recetadas, lo cual les permitirá igualmente transferir esa resistencia desarrollada a otros micro-organismos. Y cuando menciono la forma no adecuada de administrar los antibióticos, me refiero también al hecho de que a veces no se les aplica totalmente a los niños el tratamiento recomendado por el médico; es decir, se interrumpe antes de tiempo, o se les dan dosis menores al pequeño, las cuales no resultan efectivas".

En efecto, las bacterias intercambian elementos de su ADN con otras bacterias, transfiriendo de esta manera genes que las hacen resistentes a los antibióticos. Pero, asimismo, el uso excesivo de los antibióticos en el tratamiento de catarros y otras enfermedades provocadas por virus (los antibióticos no son efectivos contra los virus), es otro de los factores por los que son hoy tantos los antibióticos que han dejado de ser efectivos. Y en este sentido, es preciso admitir que muchos médicos ceden ante la presión excesiva ejercida por padres inconscientes, que insisten en que el especialista les recete antibióticos a sus hijos enfermos, aun cuando las enfermedades no sean causadas por bacterias, sino por otros micro-organismos contra los cuales los antibióticos siempre han sido inefectivos.

Debido a esta situación de crisis, los médicos se han vuelto mucho más conservadores y estrictos en el uso de antibióticos para tratar enfermedades infantiles. Tradicionalmente, ciertos antibióticos se han empleado en el tratamiento de la otitis media con secreción viscosa, una enfermedad muy común en los niños. Sin embargo, actualmente, los especialistas recomiendan a los padres "observar y esperar", durante unos tres meses, antes de recetarlos. "Un alto porcentaje de los niños que padecen esta enfermedad puede curarse espontáneamente en un período que oscila entre ocho y doce semanas, cuando se trata de una infección leve", explica el **Doctor Sylvan E. Stool**, Profesor de Pediatría y Otorrinolaringología de la **Escuela de Medicina de la Universidad de**

Pittsburgh (Estados Unidos). "Las estadísticas demuestran que los antibióticos pueden ayudar a reducir y controlar la infección sólo en 1 de cada 7 casos. La otitis media es una infección del oído medio y usualmente no causa ni dolor ni fiebre; sin embargo, puede producir secreción y una pérdida de la audición ligera y temporal. Si ambos síntomas persisten durante más de tres meses, entonces... ¡y solamente entonces!... el médico le puede recomendar al paciente el uso de algún antibiótico que realmente pueda ser efectivo, o recurrir a una operación quirúrgica... quizás... como solución definitiva".

RECOMENDACIONES PARA QUE LOS ANTIBIOTICOS QUE EL MEDICO PRESCRIBE SEAN REALMENTE EFECTIVOS...

Cada día es mayor el número de médicos que se resiste a prescribir antibióticos ante los síntomas de una infección, esperando para ello a comprobar cómo se desarrolla la condición, y determinar cuál es el momento más apropiado para prescribir el medicamento que realmente pueda controlar la situación. No obstante, cuando le receten antibióticos al niño, observe las siguientes medidas:

- Déle al niño la dosis exacta de antibiótico indicada por el médico. Y, por supuesto, es fundamental que usted continúe el tratamiento durante todos los días que él le indique.
- Nunca le de al niño antibióticos que hayan pasado su fecha de vencimiento. Tampoco le de sobrantes que le hayan quedado de recetas anteriores... pierden su efectividad pasadas dos o tres semanas.
- Manténgase atento a los efectos secundarios y a las reacciones adversas que pueden ocasionar los antibióticos; infórmele al especialista acerca de cualquier síntoma anormal que pueda usted detectar.
- Tenga presente que los antibióticos son medicamentos que pueden ser altamente efectivos para combatir las infecciones, y salvar vidas... pero únicamente si se toman cuando realmente se necesitan. Tomar antibióticos para prevenir enfermedades, o para controlar síntomas muy benignos de una enfermedad, es una medida contraproducente que puede afectar severamente la salud del pequeño.

CAPITULO 7

¡CRECER DUELE!

Las estadísticas muestran que aproximadamente el 15% de los niños padecen los llamados *dolores del crecimiento,* y por ello es tan importante que los padres sepan cómo se evita que esos huesos le duelan al pequeño.

Todos los niños, en determinados momentos, se quejan de dolores; a menudo sólo se trata de situaciones que suceden todos los días y que no tienen mayor importancia: se lastiman al tropezar contra un mueble, o resbalan mientras están jugando... Sin embargo, muchos niños que ya van a la escuela se quejan de dolores que sienten en las piernas y en las rodillas, y éstos pueden ser síntomas de tres problemas médicos:

- Dolores que son causados por el proceso del crecimiento en sí.
- El mal de Osgood, que afecta la tibia en los adolescentes.
- Y afecciones en las rodillas, que padecen los niños que saltan frecuentemente.

No se alarme. Por lo general éstas son dolencias que se presentan por sorpresa, sin causa aparente pero —afortunadamente— una vez que el médico las diagnostican, los medicamentos anti-inflamatorios y la aplicación de bolsas de hielo son suficientes para que desaparezcan. Lo más difícil es convencer a su niño para que haga todo el reposo posible mientras el dolor se mantenga presente.

Ante una situación de este tipo, nada le ayudará tanto como tener la información necesaria para que reconozca cuándo su hijo (o su hija) presenta uno de estos problemas y sepa qué hacer.

LOS DOLORES DEL CRECIMIENTO...

Usar el término *dolores del crecimiento* es una manera un poco vaga para describir los dolores que se manifiestan en las piernas de los niños, las cuales de vez en cuando se presentan y luego desaparecen (sin tratamiento alguno).

- Cuando el niño crece rápidamente puede suceder que los huesos aumenten de longitud con más rapidez que los músculos. Desde luego, esto provoca que los músculos se vuelvan tensos y tiren de las articulaciones, causándole dolor en las piernas. Y aunque se trata de una condición que puede presentarse a partir de los 3 años de edad, las estadísticas muestran que es más frecuente entre los 6 y los 8 años.

El niño que tiene las articulaciones muy flexibles es más propenso a padecer de este problema. Usted puede identificarlo probando si su hijo es capaz de flexionar la muñecas hacia atrás hasta colocarlas en ángulo recto, o doblar los dedos hacia atrás hasta que estén paralelos al antebrazo.

El dolor suele presentarse al caer la tarde y por la noche, sobre todo si el día ha sido de mucha actividad física para el pequeño. Es típico que el niño se despierte llorando después de dormir unas dos horas, y se queje de dolor en una o en ambas piernas. La severidad de la condición varía; también el área donde el dolor se manifiesta. Unas veces le duelen los muslos, otras las rodillas, e inclusive las caderas, así como los tobillos. El dolor no se manifiesta acompañado de fiebre, ni tampoco se siente caliente el área afectada, ni existe inflamación.

¿Qué puede hacer para aliviar el dolor?

- Sencillamente, proporciónele al pequeño un masaje con alcohol en el área que le duele, y un medicamento anti-inflamatorio (como el ibu-

profén) que puede adquirir libremente en cualquier farmacia.
- Un baño tibio también ayuda para que el niño se duerma de nuevo y es muy posible que a la mañana siguiente se despierte ya sin dolor.

Estos dolores del crecimiento afectan a los niños de vez en cuando durante unos dos años, y se presentan cada vez más espaciados a medida que el pequeño va creciendo, hasta desaparecer completamente una vez que cumple los 9 años.

Para determinar si se trata de otro problema, los pediatras recomiendan que el pequeño flexione y enderece la pierna con el propósito de verificar si se presenta cualquier dificultad al realizar este movimiento. Si existe, si la condición afecta sus actividades, si se detecta un proceso inflamatorio, o si el niño se queja de dolor siempre en el mismo lugar, entonces es fundamental que el tratamiento se inicie cuanto antes. También el niño debe ver al pediatra si se queja de este tipo de dolor después de haber cumplido los 9 años de edad (puede ser síntoma de otra condición).

EL MAL DE OSGOOD

En verdad el llamado *mal de Osgood* no debe ser considerado como una enfermedad, porque se trata más bien de un dolor crónico que se presenta debajo de una o de las dos rodillas. Es una condición propia de adolescentes y jóvenes —antes de cumplir los 20 años— y con frecuencia se manifiesta en aquéllos que tienen los músculos de los muslos tensos, y que participan en actividades que requieren esfuerzos de las articulaciones en las rodillas. Los factores causantes de esta condición son:

- Los saltos frecuentes.
- El estar de rodillas (o en cuclillas).
- Correr.
- El practicar deportes que requieren parar y seguir (como son el fútbol y el voleibol).

Los niños que padecen del mal de Osgood se quejan de dolores en las rodillas, los cuales se vuelven más intensos si hacen movimientos que le hacen daño o si desarrollan una actividad física mayor. También, cuando flexionan las piernas y tienen dificultad para enderezarlas y se les inflaman la rótula y el extremo de la tibia (que por lo general son los puntos más sensibles).

Aunque existen pruebas científicas de que el mal de Osgood pudiera ser una condición hereditaria, los médicos no han determinado exactamente por qué algunos niños son propensos a padecerlo y otros no:

- Al principio de haber sido identificada la condición se consideró que afectaba a los varones únicamente; en la actualidad se ha comprobado que las niñas que practican deportes también corren el riesgo de llegar a padecerlo.

Los músculos frontales y en la parte posterior de los muslos son los más afectados por el mal de Osgood. Si éstos se mantienen tensos, tiran del músculo que los fija a la articulación de la rodilla y ejercen presión sobre el extremo de la tibia cada vez que el niño trata de enderezar la pierna. Si usted sospecha que su niño padece de esta condición, es importante que lo lleve al médico; con el tratamiento adecuado, podrá recuperarse en el término de dos a cuatro semanas. Si no presta atención al tratamiento, entonces puede padecer los síntomas de esta condición hasta por espacio de un año.

El tratamiento para los niños y adolescentes que padecen el mal de Osgood tiene cuatro etapas, las cuales deben ser seguidas de la siguiente manera:

- Primeramente, anime a su hijo (o a su hija) a que deje de hacer el ejercicio o los movimientos que —evidentemente— le causan el dolor.
- En segundo lugar, de 2 a 4 veces al día aplíquele un masaje con hielo sobre el área que le duele (durante 10 a 15 minutos).
- Dele un medicamento anti-inflamatorio durante 5 días (de acuerdo con el pediatra); si el dolor no cede, continúe hasta 14 días.
- Por último, haga que estire los músculos de los muslos todos los días (vea la información que incluimos en este mismo capítulo).

Es posible que el médico le inmovilice la rodilla al pequeño si no logra que el niño haga algún reposo; esta medida tiene el propósito —sencillamente— de limitar sus actividades y evitar que flexione la pierna.

Una vez que el niño pase veinticuatro horas sin sentir dolor y sin la necesidad de tomar medicamentos, podrá retornar a sus actividades normales. En caso de que el dolor se manifieste nuevamente, deberá descansar un día y someterse a los masajes con hielo; si el dolor continuara, entonces el pequeño debe ser sometido a otro tratamiento.

LAS "RODILLAS DE SALTADOR"

Cualquier niño que salte con mucha frecuencia —ya sea saltar la cuerda o al practicar un deporte (como el baloncesto)— corre el riesgo de desarrollar una condición que se conoce comúnmente con el nombre de *rodillas de saltador.* La edad en que el pequeño es más vulnerable a desarrollar esta condición es entre los 8 y 12 años. Si el niño presenta este problema, que causa una lesión por abuso sobre la misma articulación, prepárese para someterlo a un tratamiento largo y frustrante.

¿A qué se deben las rodillas de saltador...? Cuando los músculos del frente de los muslos se contraen para dar el salto, tiran del tendón de la rótula para enderezar la rodilla, que también absorbe el impacto de la caída. Si ese tendón se irrita, entonces se inflama y se produce una tendinitis. Otro síntoma común de esta condición es la sensibilidad que se desarrolla en ambas rótulas, todo lo cual —sin el tratamiento adecuado— hará que el niño se sienta adolorido y molesto constantemente.

El secreto para controlar las rodillas de saltador está en atacar el problema lo antes posible. Para que desaparezcan los dolores hace falta un tratamiento que los hará desaparecer en varios días o en varias semanas, dependiendo de la severidad de la tendinitis. Durante ese período el niño deberá tratar de no flexionar las rodillas, o por lo menos disminuir las actividades que obliguen a hacerlo frecuentemente. Esto quiere decir dejar de correr (sobre todo en superficies de concreto), de saltar, y de hacer cuclillas. No es necesario que se prive de practicar determinados deportes; por ejemplo, puede nadar y hacer ciclismo, que son actividades en las que no se abusa de las rodillas.

Lo más indicado para el bienestar de sus hijos en estos casos es aliviarles las molestias por medio de medicamentos anti-inflamatorios y la aplicación de bolsas con hielo. También es conveniente que le proporcione un masaje con hielo en las rodillas (tres veces al día), y continuar frotándolas con el hielo durante unos cinco minutos adicionales. Si el niño cojea, el médico puede recetar un medicamento anti-inflamatorio más fuerte y recomendar el uso de muletas o un bastón (para evitar que el peso del cuerpo recaiga sobre la rodilla afectada).

Una vez curado, el niño puede volver a sus actividades normales.

EJERCICIOS PARA ALIVIAR EL DOLOR DE LAS RODILLAS

Cuando los niños tienen los músculos de los muslos muy tensos, llegan a padecer dolores en una o en ambas rodillas... precisamente síntoma del mal de Osgood. Para aliviar estos dolores es necesario estirar esos músculos haciendo los siguientes ejercicios (diariamente)... hasta que desaparezca el dolor.

PARA LOS MUSCULOS FRONTALES

- Haga que el niño (o la niña) se acueste boca abajo en el piso, sobre una colcha o una alfombra (vea la ilustración inferior).
- Manteniendo unidas las rodillas, pídale que levante la pierna derecha

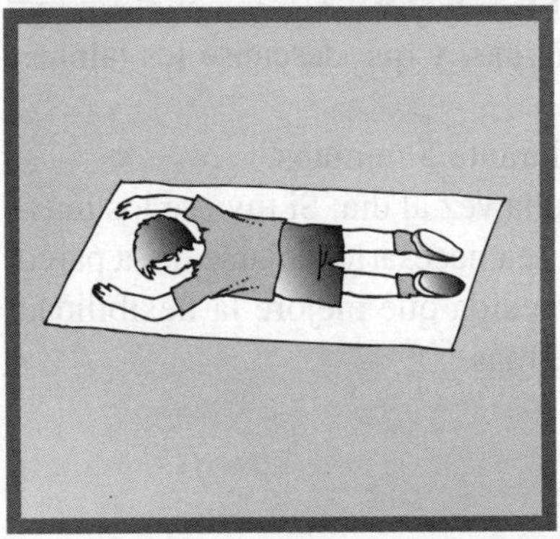

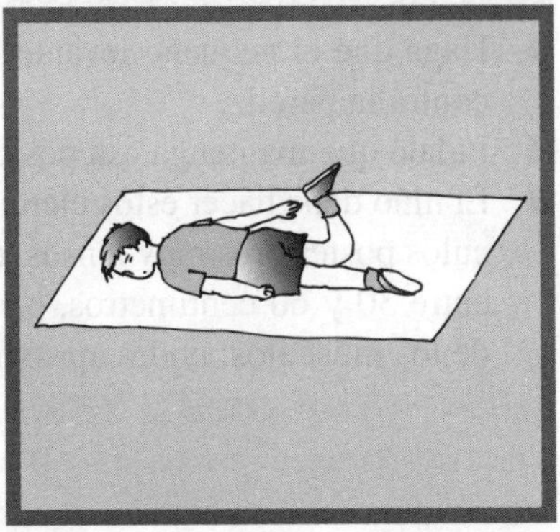

hasta que pueda agarrar el pie con la mano derecha.

- Después, lentamente, haga que lleve el talón hacia abajo (todo lo que pueda), sin levantar la cara ni la pelvis de la colcha (mientras no sienta molestias).
- Debe mantener la posición por 30 segundos.
- Después, pídale que baje despacio la pierna a la posición inicial.
- Debe repetir el ejercicio con la pierna izquierda.
- Es importante que el niño haga estos ejercicios 2 ó 3 veces con cada pierna.

PARA LOS MUSCULOS POSTERIORES

- Esta vez el niño deberá acostarse bocarriba cerca de una pared (vea el dibujo), con las manos debajo del cuello y el extremo de la espalda próximo a la pared (de esta manera puede colocar los pies en la pared en busca de apoyo, si así lo prefiriera).

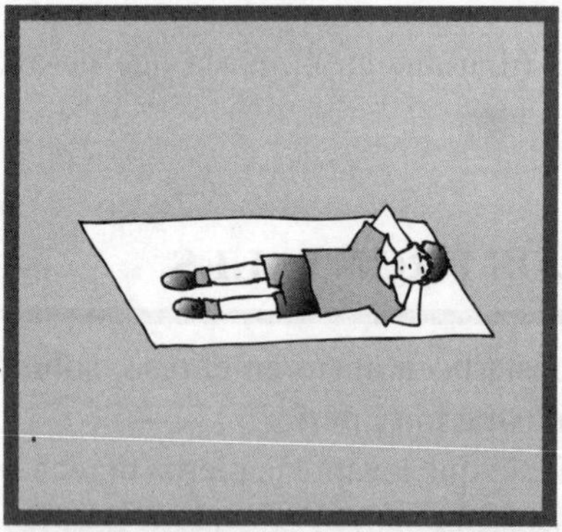

- Haga que el pequeño levante las piernas, y que descanse los talones contra la pared.
- Pídale que mantenga esa posición durante 5 minutos.
- El niño debe hacer estos ejercicios una vez al día. Si tuviese los músculos posteriores muy tensos, quizá sea necesario alejarse de la pared entre 30 y 60 centímetros, pero a medida que mejore la flexibilidad de los músculos, podrá aproximarse más.

CAPITULO 8

SINDROME DE MUERTE SUBITA: ¿SABE USTED COMO PROTEGER A SU BEBE?

El bebé es aparentemente saludable, y la madre lo acuesta en la cuna... como hace todas las noches. A medianoche, sin embargo se despierta sobresaltada, con el presentimiento de que algo le ha ocurrido al bebé... Corre hacia su cuna y comprueba que —en efecto— el niño se ha asfixiado. ¿Por qué se produce este fenómeno que cada día es más frecuente en los países occidentales? ¿Qué factores causan esta muerte súbita?

Lo más probable es que usted haya leído alguna información sobre el llamado *síndrome de muerte súbita,* esa misteriosa condición que en forma inesperada pone fin a la vida de muchos bebés pequeños mientras duermen. También es posible que usted esté informado que si coloca al bebé bocarriba (o de lado) en la cuna a la hora de dormir, se pueden reducir considerablemente los riesgos de que se presente esta situación. Y si en estos momentos espera un nuevo hijo y ha salido de compras para suplir las necesidades que se le van a presentar una vez que de a luz, probablemente habrá visto (o hasta comprado) la nueva almohada de dos piezas (comúnmente conocida como *cuña de dormir),* diseñada especialmente para obligar a los bebés a permanecer de lado mientras duermen. Pero, ¿hasta que punto debe usted preocuparse por el síndrome de muerte súbita? ¿Qué factores pueden incrementar los riesgos de que se presente esta situación en un bebé que acaba de nacer?

Aunque no hay duda de que el SMS debe ser un elemento más a tener presente en el cuidado del recién nacido, las horas de sueño del bebé no tienen tampoco que convertirse en una agonía para los padres de niños de menos de un año de edad. No obstante, muchos adultos se sienten embargados por un gran temor ante esta situación, además de confundidos por el volumen de información (a veces mal enfocada, e inclusive distorsionada) que se ha divulgado hasta el presente sobre esta compleja condición. Sin embargo, la realidad es que si se observa una rutina que garantice un sueño seguro para el bebé, y si se siguen una serie de medidas esenciales de cuidado —durante el embarazo, y después del nacimiento del bebé— se reducen considerablemente los riesgos de esta condición que tanto sobresalto causa actualmente en los padres.

¡UNA PREOCUPACION QUE HA EXISTIDO SIEMPRE!

¿Qué madre no se ha levantado en el medio de la noche para poner su dedo próximo a la nariz de su recién nacido y comprobar si está respirando normalmente...? Es más, ¿qué madre no ha movido —y hasta despertado, asustada— a su bebé, alguna que otra vez, sólo porque no quedó convencida de que el pequeño estaba en realidad respirando debidamente en el momento en que lo acostó en la cuna, ya dormido...? El temor a que un bebé pueda morir súbitamente durante la noche ha afectado a las madres a través de todos los tiempos, mucho antes de que este tipo de muerte recibiera la denominación médica de *síndrome de muerte súbita*.

Antiguamente se le conocía como "muerte inexplicable en la cuna", y aunque siempre causaba preocupación a los padres de niños de menos de un año, la realidad es que la mayoría no estaba consciente de qué factores podían provocar este tipo de accidente. El síndrome de muerte súbita es definido hoy como "la muerte repentina de un bebé mientras duerme", y se trata de una situación que continúa sin poder ser explicada científicamente. Las estadísticas a nivel mundial informan que:

- Casi el 90% de todos los casos de síndrome de muerte súbita ocurren antes de los seis meses de edad de la criatura.

¡SURGEN NUEVAS PIEZAS EN EL ROMPECABEZAS!

Aunque una vez se consideró que las víctimas del síndrome de muerte súbita eran bebés completamente saludables, hoy muchos investigadores están convencidos de que:

- Los niños que mueren inesperadamente durante la noche sólo "parecen ser saludables"; es decir, en realidad presentan algún defecto o deficiencia aún no identificada que los predispone a sufrir este tipo de muerte repentina.

Sin embargo, si hay algo de lo que sí están seguros todos los investigadores es que colocar al bebé a dormir sobre su espalda (o de lado) reduce significativamente los riesgos de que se presente el síndrome de muerte súbita. La evidencia más dramática de ello surgió en Inglaterra, uno de los países que, inexplicablemente, presentaban una de las tasas más alta de SMS en todo el mundo: después de una intensa campaña de publicidad de cinco años, en la que se alentaba a los padres a colocar a sus bebés bocarriba mientras dormían, el número de bebés víctimas del síndrome disminuyó considerablemente (hasta en un 70% en determinadas regiones de ese país).

En respuesta a estos resultados, muchas organizaciones internacionales de salud han tratado de extender la campaña de "dormir bocarriba" a todos los demás países del mundo, incluyendo los Estados Unidos. Y aunque todavía se necesita un poco más de tiempo para determinar si el índice de muertes infantiles debidas al SMS ha disminuido en respuesta a esta campaña intensiva, los resultados iniciales son alentadores. Por ejemplo, en los Estados norteamericanos de Maryland y Missouri se estima que el descenso en el número de fallecimientos infantiles causados por el síndrome de muerte súbita puede llegar a ser hasta de un 30%.

- Asimismo, las víctimas son casi siempre niños aparentemente muy saludables.
- La muerte súbita es más frecuente entre los varones que en las niñas.
- Casi siempre el accidente se produce mientras el bebé duerme.
- El número de casos parece aumentar inexplicablemente en los meses en que la temperatura es más fría.

No obstante, a pesar del temor que provoca este trastorno, y aunque constituye la causa principal de muerte en los bebés comprendidos entre una semana y un año de edad, el SMS es en realidad extremadamente raro. De nuevo las estadísticas indican que:

- Se trata de una situación que se presenta únicamente en 1 ó 2 de cada 1,000 bebés.

¿CUALES SON LOS FACTORES DE RIESGO?

Aunque los especialistas que se han dedicado a estudiar el síndrome de muerte súbita aseguran que todavía es preciso realizar muchos más estudios y análisis estadísticos para resolver el misterio de este tipo de muerte repentina, no hay duda de que en la actualidad se sabe mucho más sobre este fenómeno de lo que se conocía hasta hace sólo unos años atrás. Por ejemplo, los investigadores han logrado precisar una serie de factores que pueden colocar a los bebés en un nivel de riesgo mucho más alto para ser víctimas del síndrome de muerte súbita. Entre los mismos se encuentran los siguientes:

- Dormir bocabajo.
- Que la madre fume durante el embarazo o que el bebé haya sido expuesto al llamado *humo de segunda mano* (proveniente de fumadores habituales) después del nacimiento.
- Abrigar excesivamente al bebé mientras duerme o si está enfermo.
- Alimentarlo exclusivamente con biberones, sin incluir nunca la leche materna.
- El haber nacido prematuramente.
- El haber recibido un cuidado prenatal limitado.

No obstante, de acuerdo con un grupo de especialistas que trabajan en el **Instituto Nacional del Desarrollo Humano y la Salud del Niño** (en Bethesda, Maryland; Estados Unidos), investigando precisamente el síndrome de muerte súbita, "hasta el 65% de las víctimas de esta condición no presentan en realidad ningún factor de riesgo que haya sido determinado hasta el día de hoy; asimismo, muchos de los bebés con uno o más factores de riesgo no resultan víctimas del misterioso trastorno". Todo esto hace pensar a los científicos que aún falta mucho por descubrir y aprender acerca de este extraño tipo de muerte infantil, y por ello los estudios y los análisis estadísticos prosiguen.

PERO... ¿POR QUE ACOSTAR AL BEBE BOCARRIBA ES MENOS PELIGROSO?

Ningún especialista puede explicar con seguridad absoluta por qué el acostar bocarriba al bebé en su cuna es menos peligroso. No obstante:

- Algunos consideran que como el bebé duerme más profundamente mientras yace sobre su vientre, resulta menos posible que sea capaz de despertarse por sí mismo si los niveles de dióxido de carbono son altos y quedan atrapados entre su cara y la superficie del colchón o las sábanas.
- Otros investigadores también sostienen que es más difícil para el bebé respirar mientras su pecho está presionado contra un colchón (no hay duda de que los pasajes de aire se abren más ampliamente si el bebé duerme sobre su espalda); además, la posición de dormir bo-cabajo extiende el cuello a tal punto que puede afectar la fluidez de la sangre al área del cerebro que precisamente controla los procesos respiratorios.

Lamentablemente, a pesar de estas comprobaciones, muchos padres no colocan a sus bebés bocarriba a la hora de dormir, basándose fundamentalmente en la divulgada creencia de que "si el bebé vomita mientras está acostado sobre su espalda, es mucho más fácil que se asfixie y muera". Este concepto, sin embargo, ha sido descartado por más de cuarenta estudios científicos diferentes, en los que se ha demostrado que la posición ideal para que el bebé duerma durante sus primeros meses de vida es bocarriba. Aunque dormir de lado podría ser la alternativa ideal para lidiar tanto con el peligro de la muerte súbita como con el riesgo de la regurgitación, los especialistas insisten en que:

- Dormir bocarriba es la posición más saludable y segura para proteger la salud del bebé.

Dormir de lado debe ser considerada como una segunda opción, porque es relativamente fácil que un recién nacido que se ha dormido sobre uno de los lados de su cuerpo, se voltee y finalmente quede durmiendo sobre su vientre el resto del tiempo.

Y para confirmar la importancia de que el bebé duerma bocarriba, recientemente se ha dado a conocer el resultado de un nuevo estudio en el que un equipo de investigadores consiguió identificar una anormalidad en los procesos químicos del cerebro que parece hacer a las víctimas del síndrome de muerte súbita más susceptibles a que se produzca en ellos una acumulación a niveles peligrosos del dióxido de carbono en su sangre. Es importante tener presente que al no recibir las señales adecuadas que pudieran alertarlo mientras duerme, el bebé vulnerable al SMS pudiera no ser capaz de activar reflejos protectores (como voltearse o despertarse) una vez que los niveles de dióxido de carbono comiencen a ascender peligrosamente.

6 PASOS CLAVES PARA PROTEGER AL BEBE DEL SINDROME DE MUERTE SUBITA

Aunque los análisis estadísticos demuestran que las posibilidades que tiene un bebé de convertirse en una víctima del síndrome de muerte súbita son muy pocas, es necesario que se tomen una serie de medidas de precaución, de la misma manera en que los padres actualmente colocan al niño en un asiento y lo sujetan con cinturones especiales de seguridad cuando va a viajar en un automóvil.

Las siguientes seis medidas de prevención —basadas en la experiencia— son esenciales para reducir los riesgos de este tipo de muerte:

1
MIENTRAS LA MUJER ESTA EN ESTADO, ES IMPRESCINDIBLE QUE RECIBA EL TRATAMIENTO PRENATAL ADECUADO...

Mientras está embarazada, la futura madre debe recibir la debida atención médica, de manera que los órganos vitales del bebé (especialmente el corazón, su cerebro, y los pulmones) se desarrollen adecuadamente. Además, como las estadísticas muestran que hasta el 18% de los bebés que son víctimas del síndrome de muerte súbita nacen prematuramente, es fundamental que la futura madre haga todo lo posible para lograr que su embarazo llegue a su término normal.

2
¡NO FUME!

Cuando la futura madre fuma (o se ve sometida al llamado *humo de segunda mano)* se duplican los riesgos de que se presente el síndrome de muerte súbita. También es importante que las mujeres que desean dejar de fumar y que utilizan los parches de nicotina para facilitar el proceso de retirada del cigarrillo, dejen de usarlos durante los meses del embarazo.

3
¡AMAMANTE AL BEBE!

Algunos estudios revelan que un número considerable de bebés que han

ACLARANDO 3 MITOS CON RESPECTO AL SINDROME DE MUERTE SUBITA (SMS)

1
LAS INMUNIZACIONES

El mito de que las inmunizaciones pueden causar el SMS es FALSO. Este mito parece haberse formado básicamente a partir de la coincidencia de que el período crítico para que se manifieste el síndrome de muerte súbita (es decir, entre los 2 a 4 meses de edad) es precisamente la etapa en que la mayoría de los bebés son inmunizados. Un estudio realizado recientemente por el **Instituto Nacional de la Salud de los Estados Unidos** demostró que de 145 bebés que fallecieron como consecuencia del SMS, sólo 2 de ellos habían sido vacunados en un período de veinticuatro horas antes de morir. Además, el SMS con frecuencia ocurre en niños que nunca se han vacunado.

2
EL NIVEL SOCIO-ECONOMICO

El concepto de que el SMS se presenta única-

sido víctimas del SMS nunca recibieron el pecho de sus madres. La leche materna reduce los riesgos de que el bebé desarrolle enfermedades en sus primeros meses de vida... y muchas víctimas del síndrome de muerte súbita han presentado una infección respiratoria al morir.

mente en niños de familias pobres es igualmente FALSO. Es cierto que muchos de los factores asociados con el síndrome de muerte súbita (fumar, el recibir un cuidado prenatal deficiente, el no dar de lactar al bebé) son comunes entre las familias de recursos económicos más limitados. No obstante, es preciso considerar que en otras regiones (en Asia y Africa, por ejemplo), donde las familias pueden considerarse pobres para los promedios ya establecidos en el mundo occidental, las tasas del SMS son muy bajas.

3
DISPOSITIVOS ESPECIALES

El mito de que hay ciertos dispositivos especiales que protegen al bebé mientras duerme es, también, FALSO. La **Asociación de Pediatras de los Estados Unidos** no recomienda las almohadas especiales que se han diseñado para obligar al niño a mantenerse de lado mientras duerme, ni otros dispositivos para proteger al bebé contra el SMS; las medidas pueden resultar contraproducentes.

MUY IMPORTANTE

Una recomendación adicional: nunca amarre a su bebé para que permanezca en una posición determinada durante toda la noche, ni use sábanas o cobertores para mantenerlo en su lugar en la cuna.

4
LA CAMA DEL BEBE...

Mientras más mullida y acolchonada sea la superficie del colchón sobre la que el bebé duerme habitualmente, más elevado es el riesgo de que se pueda asfixiar. Si la cabeza del bebé puede hundirse en el colchón o en su ropa de cama (aunque sea ligeramente), no hay duda de que se presenta una situación de peligro. Por este motivo, los especialistas recomiendan que los bebés no sean acostados sobre edredones, sábanas gruesas, en camas de agua, y sobre cojines mullidos.

5
NO ARROPE EXCESIVAMENTE AL BEBE

Es importante tener presente que el centro del control de los procesos respiratorios del bebé no funciona tan eficientemente cuando la temperatura del medio ambiente en que se halla es elevada. Por lo tanto, es importante mantener fresca la temperatura en la habitación donde habitualmente duerme el bebé. Asimismo, vístalo con el mismo tipo de ropa que usted utilizaría para dormir.

6
¡ASEGURESE DE QUE SU BEBE DUERMA SIEMPRE BOCARRIBA O DE LADO!

Hacer que su bebé duerma sobre su espalda no requiere ningún equipo especial. Además, olvídese de la almohada especial que mencionamos anteriormente (para obligarlo a dormir de lado); además de innecesaria puede resultar hasta peligrosa. Un bebé que duerme de lado debe ser colocado con su espalda contra las paredes de la cuna y con el brazo sobre el que está durmiendo extendido, para prevenir que pueda voltearse. El hombro inferior debe ser colocado más hacia adelante que el de arriba; de este modo, si el bebé se voltea, lo hará hacia su espalda y no hacia el vientre.

Si su bebé no se duerme a no ser que se le acueste bocabajo, entonces es recomendable permitir que se duerma en esa posición y después voltearlo para que descanse sobre su espalda. Además, no se preocupe si durante la noche el bebé empieza a rodarse y termina durmiendo sobre el vientre... Los bebés que son capaces de hacer estos movimientos, por lo general se encuentran fuera de la etapa de alto riesgo para sufrir el síndrome de muerte súbita.

La realidad es que el período de alto riesgo para que se manifieste el SMS comprende solamente los primeros cuatro o cinco meses de vida del bebé... y éstos transcurren con una rapidez increíble. Lo fundamental en la lucha contra este trastorno es hacer todo lo que usted pueda por evitarlo... ¿Después? Relajarse. Los primeros meses de vida del bebé constituyen una etapa que debe ser disfrutada por los padres... sin mayores preocupaciones.

CAPITULO 9

INFECCIONES EN LOS OIDOS: ¡UN PROBLEMA MUY COMUN EN LOS NIÑOS!

Las infecciones en los oídos son frecuentes en el niño pequeño, y muchos padres se desesperan ante las molestias que sufre el hijo afectado, sencillamente porque no saben cómo se manifiesta esta condición, cuáles son sus síntomas, y cuándo deben llevar al pequeño al pediatra.

Si usted tiene un hijo pequeño y aún no se ha tenido que enfrentar a una infección de oídos, no hay duda de que usted es sumamente afortunado. Según las estadísticas de la **Organización Mundial de la Salud (OMS)**:

- El 66% de los niños ha experimentado alguna vez una infección en los oídos (con frecuencia más de una) al alcanzar su segundo cumpleaños; a la edad de 6, casi todos han tenido al menos una.

De hecho, las infecciones en los oídos —una variedad de condiciones a las que los médicos se refieren colectivamente como *otitis media*— son responsables de aproximadamente 24.5 millones de visitas a los consultorios pediátricos cada año, y esto solamente en los Estados Unidos, un país donde se llevan estadísticas muy precisas al respecto. Excepto las infecciones en el tracto respiratorio superior (tales como catarros, bronquitis, e influenza), ninguna otra condición hace que los padres lleven a los niños al pediatra con tanta frecuencia como la otitis media.

Pero, ¿en qué consiste la otitis media? ¿Son iguales todas las infecciones que se desarrollan en los oídos? ¿Cuáles son los síntomas que pueden anunciarnos este tipo de trastorno en un bebé? ¿Qué tratamiento debe seguirse y qué complicaciones pueden originarse a partir de una otitis media que no sea tratada debidamente...?

LOS CATARROS CREAN EL TERRENO PROPICIO PARA QUE SE PRODUZCAN LAS INFECCIONES EN LOS OIDOS...

Desde luego, no es una coincidencia que tanto las enfermedades respiratorias como las infecciones en los oídos sean tan frecuentes en los niños. De acuerdo a las estadísticas:

- El niño de 5 años (o menos), experimenta un promedio de ocho catarros al año, principalmente porque a esa edad aún no ha desarrollado inmunidad a muchos de los cientos de virus que causan esta afección tan común. Y una vez que el niño tiene catarro, las probabilidades de que desarrolle una infección en los oídos se incrementan notablemente.

Consideremos que las vías respiratorias superiores están conectadas a cada oído por un conducto húmedo (llamado *trompa de Eustaquio),* y si se produce una infección, fácilmente puede afectar las trompas de Eustaquio y, después, la condición puede pasar al interior de los oídos.

Sin embargo, lo que hace que la otitis media sea una condición tan difícil de tratar —tanto para los padres como para los mismos médicos— no es la extrema susceptibilidad que presentan la inmensa mayoría de los niños a ella, sino las diferentes formas que puede adoptar al manifestarse: mientras que algunas infecciones en los oídos se presentan súbitamente, y con bastante dolor, otras se van desarrollando gradualmente, con síntomas tan sutiles que a veces es difícil percatarse de que se está manifestando un problema.

Afortunadamente, hay dos rayos de esperanza en esta situación:

- En primer lugar, toda infección en los oídos en la actualidad puede ser tratada con efectividad.
- En segundo lugar, la otitis media se presenta con menos frecuencia a medida que el niño va avanzando en años, básicamente porque un niño mayor tiende a enfermarse con menos frecuencia con catarro que el más pequeño. La anatomía del oído también varía ligeramente a medida que el pequeño avanza en edad, y esto contribuye igualmente a la menor incidencia de la otitis con la edad. En un niño de 3 años (o menos), las trompas de Eustaquio son más estrechas y su superficie más angulada que en un niño mayor.

En realidad, una infección de oídos no debe preocupar mayormente a los padres, aunque sí es preciso enfatizar que se trata de una situación que tampoco debe ser ignorada. Si la otitis media no es tratada debidamente, se pueden presentar diferentes complicaciones, algunas de ellas muy serias. Entre ellas:

- Pérdida temporal de la audición, una condición que pudiera llegar a requerir una cirugía mayor para corregirla.
- Pérdida permanente de la audición.
- Meningitis; es decir, la inflamación de las membranas que recubren el cerebro.
- Parálisis facial.

HAY CUATRO TIPOS DE OTITIS MEDIA

Por lo general, una infección en el oído comienza con fluido:

- El oído medio y las trompas de Eustaquio están cubiertos por una capa de fluido similar al que se encuentra en la nariz, aunque algo más fino.
- El flujo normal de este fluido contribuye a mantener el oído medio y las trompas de Eustaquio libres de bacterias.
- Sin embargo, cuando un catarro o una gripe afectan al niño, el revestimiento de las trompas de Eustaquio y del oído medio puede inflamarse, atrapando el fluido en esas áreas.

¿COMO SE PREVIENE LA OTITIS MEDIA EN EL NIÑO?

Aunque es casi imposible prevenir todas las infecciones en los oídos del niño, no hay duda de que los padres pueden minimizar los riesgos a que el pequeño sufra de este tipo de afección si observa las siguientes medidas de prevención:

- Alimente al bebé con leche materna por lo menos durante los cuatro primeros meses de su vida. Los especialistas han comprobado que los anticuerpos presentes en la leche materna pueden lograr que un bebé sea menos susceptible a desarrollar la otitis media.
- No exponga a su hijo al humo de segunda mano. Existen suficientes evidencias científicas que sugieren que un niño que vive con dos fumadores es tres veces más propenso a desarrollar infecciones en los oídos que un pequeño que vive en un hogar libre del humo de los cigarrillos.
- Cuando vaya a darle el biberón a su hijo, no lo acueste; colóquelo en una posición incorporada (sobre todo si tiene catarro).
- Haga que el niño duerma en una posición elevada cuando tiene catarro, para de esta forma hacer más difícil el paso de la infección nasal al oído a través de las trompas de Eustaquio.

Un niño pequeño pudiera entonces desarrollar uno de los cuatro tipos de otitis media que han sido identificados hasta el presente:

1. OTITIS MEDIA AGUDA

- Esta es la otitis en la que la mayoría de los padres piensan cuando escuchan el diagnóstico de que el niño ha desarrollado "una infección en el oído".

¿COMO LIDIAR CON UN DOLOR DE OIDOS QUE SE PRESENTA EN LA MADRUGADA?

Un llanto en la madrugada a causa de un dolor de oídos es agonizante para el niño... y desesperante para los padres, desde luego. Estas medidas pueden ayudar a mantener al pequeño algo más aliviado hasta que usted pueda llevarlo al pediatra:

- Para aliviar el dolor, déle acetaminofén. Si su hijo tiene menos de 2 años de edad, consulte a su pediatra con respecto a las dosis adecuada (según su peso y tamaño).
- Manténgalo sentado, para de esta manera aliviar la incómoda presión que se produce contra la membrana del tímpano al acostarse. Si se trata de un bebé, colóquelo en un asiento de los que se usan para transportarlos en los automóviles; si el niño es mayor, recueste su cabeza sobre varias almohadas.
- Suavemente, mantenga un biberón de agua tibia que ha sido envuelto en una toalla contra el oído del niño. El calor del biberón ayudará a aliviar las molestias.
- Anime a su hijo a tragar. Tragar ayuda a abrir la trompa de Eustaquio afectada y alivia la presión. Si se trata de un bebé, estimúlelo a tragar dándole un biberón de leche o lactándolo; en el caso de un niño más grande, déle a chupar un caramelo.

- Se desarrolla cuando las bacterias invaden el oído medio, venciendo el sistema inmunológico del niño y multiplicándose rápidamente.
- La infección provoca que el proceso inflamatorio en el oído medio empeore.
- Entonces, a medida que el fluido se va acumulando, se desarrolla una

presión que causa dolor.

- Si no es tratada, esta condición puede causar la pérdida permanente de la audición.

2. OTITIS MEDIA RECURRENTE

- Un niño cuya infección se vuelve recurrente (es decir, se manifiesta una o dos veces cada mes, por ejemplo) sufre de la condición que recibe el nombre de *otitis media recurrente.*

3. OTITIS MEDIA CON EFUSION

- Contrariamente a los que muchos padres creen, la otitis media con efusión puede ocurrir por sí sola, y no como consecuencia de una otitis media aguda o recurrente.
- La otitis media con efusión implica una acumulación de fluido en el oído medio.
- Aunque la infección debida a las bacterias puede estar presente, no hay síntomas de ella.
- De hecho, muchos niños que presentan este tipo de otitis (la cual frecuentemente afecta los dos oídos) no sufren de ninguna molestia.

4. OTITIS MEDIA CRONICA

- Esta es una otitis media con efusión que no puede ser debidamente controlada después de tres o más meses, ya sea porque la condición no es tratada, o porque el tratamiento no es el más efectivo.
- Sin tratamiento, el fluido acumulado en el oído medio se vuelve más denso. Esto pudiera cambiar hasta la forma del tímpano, causando —posiblemente— la pérdida temporal de la audición.
- El niño que sufre de esta condición crónica pudiera necesitar ser sometido a una cirugía reconstructiva para corregir el problema.

SINTOMAS QUE PUEDEN ANUNCIAR UNA INFECCION DE OIDOS...

A pesar de lo común que es, una infección en los oídos puede ser difícil de diagnosticar en el niño, sobre todo si éste es muy pequeño. Síntomas como el llanto y la fiebre pueden estar relacionados con la otitis media aguda, pero también pudieran ser causados por la dentición o por una

MEDIDAS PARA ALIVIAR EL DOLOR PRODUCIDO POR LA OTITIS MEDIA INFANTIL

- **EL ACETAMINOFEN.** El acetaminofén ha llegado al mercado como una bendición para los padres de niños pequeños. Antes de su aparición, a los bebés pequeños no se les podía administrar analgésicos porque solo había uno (la aspirina), y los pediatras prohibían su uso para aliviar el dolor infantil. El motivo de esta prohibición era para evitar el llamado *síndrome de Reye,* una condición que puede provocar convulsiones, colapsos respiratorios y desorientación en el pequeño. En la actualidad, si el niño pequeño sufre de los dolores de la otitis media infecciosa (y aún no se ha determinado —mediante el análisis— si la misma es producida por un virus o una bacteria), usted puede hacer algo para calmarle el dolor, el cual llega a ser muy intenso. Para eso tiene a su disposición el acetaminofén infantil, el cual se puede encontrar con diferentes marcas y dosificaciones. Es un analgésico muy efectivo.
- **GOTAS DE AGUA O ACEITES CALIENTES.** Otro remedio que emplean muchos padres para tratar los dolores intensos que provoca en el niño la otitis media infecciosa es echarle al pequeño (directamente en el oído) unas gotas de agua o aceite caliente. Esta medida puede pro-

gripe. Aunque los padres son generalmente los mejores jueces cuando se trata de evaluar los cambios en el comportamiento de un pequeño, los médicos consideran que determinadas señales pueden sugerir la presencia de una infección en los oídos, especialmente si más de uno de los siguientes síntomas está presente:

ducir un alivio momentáneo, pero siempre hay que considerar el peligro de que se presenten complicaciones. Muchos médicos se oponen a este tipo de tratamiento, porque consideran que se aumentan los riesgos de que esas gotas —al mezclarse con los fluidos infectados que hay en la parte media del oído— puedan llegar al oído interno y provocar una infección que sería muchísimo más seria y peligrosa. Esta es una posibilidad que es preciso tener en cuenta cuando se usa aceite en situaciones en que hay bacterias o virus... porque ese líquido se convierte en un excelente caldo de cultivo para la propagación de este tipo de micro-organismos.

- **GOTAS ANESTESICAS.** Algunos pediatras suelen recetar gotas anestésicas que adormecen las terminaciones nerviosas del oído. Las hay de varias clases y dosificaciones, pero es importante considerar que estas gotas tienen el inconveniente de que se quedan en la parte externa del canal auditivo; es decir, no pueden llegar al oído medio, que es donde radica el problema. Si la condición fuera de ésas que se producen en el oído externo, estas gotas anestésicas surtirían un gran efecto, indudablemente. Pero para los casos de otitis media, son en verdad de poca efectividad (o ninguna) porque no llegan hasta las áreas afectadas por la infección... ni hay medios para dirigirlas en esa dirección. Por ello, considere que las gotas anestésicas no resuelven el problema causado por la otitis media infecciosa; en todo caso, sólo sirven para tranquilizar a los padres inquietos que necesitan "hacer algo" para aliviar a sus hijos del dolor que los afecta... siempre con la esperanza de que alguna parte de ellas pueda llegar al oído medio.

- El pequeño se muestra irritable. Todos los niños se vuelven incómodos y majaderos algunas veces, pero si se muestran excesivamente irritables —por un tiempo prolongado— su comportamiento pudiera deberse a un dolor de oídos.
- Se tira o rasca las orejas. Si un oído duele o se siente lleno de fluido,

es normal que el niño tienda a tocarse o halarse las orejas.

- Se niega a permanecer acostado. Cuando un oído está infectado, acostarse puede provocar una presión incómoda debido a la presión ejercida contra el tímpano. A causa de esto, y porque un niño traga menos mientras duerme (tragar ayuda a aliviar la presión), las infecciones en los oídos con frecuencia se vuelven más molestas durante la noche.
- Desarrolla fiebre. Una infección de oídos puede presentarse muchas veces acompañada de una fiebre que oscila desde los 37.6 hasta los 39 grados centígrados.
- No logra mantener el equilibrio. La acumulación de fluido en el oído medio puede hacer que un niño pequeño pierda el equilibrio, lo que provoca más caídas, tropiezos, y accidentes.
- Presenta dificultades de audición. Si los oídos del niño están obstruidos por el fluido acumulado, es indudable que el nivel de la audición del pequeño disminuya. Debido a ello, no podrá responder debidamente cuando usted le hable.

Si usted sospecha que su hijo presenta una infección en los oídos, deberá ver al pediatra cuanto antes. La única manera segura de identificar la situación consiste en que el médico observe el interior del oído por medio de un aparato especial (llamado *otoscopio).* Llegar a un diagnóstico apropiado puede ser difícil mientras el niño está llorando, pero una mirada clara al interior del oído del pequeño (incluso por sólo un momento), es todo lo que el médico necesita para diagnosticar la condición.

EL TRATAMIENTO: ¿TOMAR ANTIBIOTICOS... O ESPERAR?

Hasta el presente, el arma más efectiva en el tratamiento de la otitis media ha sido siempre —y todavía sigue siéndolo— la administración de antibióticos, los cuales eliminan la infección bacterial que se ha desarrollado y reportan alivio rápidamente. Cuando la variedad exacta de bacteria que está causando el problema no es debidamente identificada (lo cual es usual), un antibiótico de amplio espectro (como la amoxilina) es casi siempre el que el especialista receta. Sin embargo, si el niño no ha recibido antes ese antibiótico, si existe algún patrón de resistencia al mismo, o si el médico sospecha que la infección en el oído no es causada por bacterias que pueden ser neutralizadas mediante este medicamento, el tratamiento podría ser diferente.

Si el pediatra indica antibióticos

- Los padres deben tener en cuenta que el medicamento debe ser tomado —en las dosis indicadas— hasta que la prescripción completa se termine. Si se detiene el uso del antibiótico una vez que los síntomas se alivian o desaparecen, algunas bacterias podrían sobrevivir y causar otra infección que pudiera ser más difícil de tratar.
- Si la infección recurre o el fluido acumulado persiste, el pediatra pudiera prescribir una dosis de antibióticos reducida, como prevención, para que el niño la tome por un período de seis semanas (o más).

Si el pediatra decide esperar

Con la creciente evidencia de que el abuso de los antibióticos ha creado variedades de super-bacterias resistentes a estos medicamentos, los médicos en el presente se encuentran divididos acerca de cuál es la mejor manera de tratar una infección en los oídos: si administrando antibióticos o simplemente adoptando una política de observar y esperar.

- Los partidarios de esta segunda alternativa (permitir que la condición desaparezca por sí sola) sostienen que como un niño que sufre de otitis media con efusión usualmente no presenta ninguna molestia, y en el 90% de los casos el problema suele eliminarse por sí solo en un plazo de 90 días, esperar para comprobar si la condición desaparece sin necesidad de antibióticos es la mejor estrategia a seguir.
- No obstante, adoptar una política de observar y esperar también puede ser difícil. Muchos padres simplemente quieren que se busque una solución tan pronto como la condición es detectada en el niño, y se niegan a escuchar la frase de "Vamos a esperar para ver qué pasa".

LA CIRUGIA ES UNA ALTERNATIVA DE ULTIMO RECURSO

Algunas veces, la cirugía resulta necesaria para poder solucionar un caso de otitis crónica o recurrente. Los dos procedimientos quirúrgicos más utilizados en estas situaciones son:

1. LA MIRINGOTOMIA. Durante la realización de este procedimiento (el cual usualmente se practica en ambos oídos):

- El cirujano hace una pequeña incisión en la membrana del tímpano (justamente debajo del huesecillo del oído medio conocido como *martillo).*
- Seguidamente elimina el fluido acumulado e inserta un diminuto tubo de drenaje hacia el exterior (tubo de timpanotomía).
- Al mantener la membrana timpánica abierta, este diminuto tubo plástico (de poco más de 1 milímetro de diámetro), ayuda a igualar la presión en el oído medio y a prevenir que el fluido se acumule nuevamente en el área.
- Una vez que el fluido es retirado, la infección usualmente se elimina.
- El tubo se desprende por sí mismo en un período entre 3 y 18 meses, dependiendo del tipo que se haya empleado.
- Este procedimiento es usualmente realizado bajo anestesia general, pero no debe ser practicado a menos el niño haya estado sufriendo de otitis media con efusión por lo menos durante cuatro a seis meses, y haya experimentado ya una pérdida significativa de la audición.

2. LA ADENOIDECTOMIA. La adenoidectomía (o extirpación de las vegetaciones adenoides) es otra opción quirúrgica para los niños de 4 ó más años de edad que presentan una otitis media con efusión que haya durado tres meses o más, y cuyas adenoides (unas masas de tejido suave que se hallan detrás de los pasajes nasales) estén repetidamente inflamadas. Cuando las adenoides se infectan, pueden convertirse en una fuente de bacterias que desarrollan infecciones en el oído. Extirparlas pudiera mejorar el drenaje del fluido del oído o incrementar la efectividad de los tubos de timpanotomía. Sin embargo, la extirpación de las adenoides (o cualquier otro tipo de cirugía), siempre es mucho más riesgosa que un tratamiento menos invasivo. Por ello, los beneficios y los riesgos de cada alternativa necesitan ser cuidadosamente valorados por el pediatra y los padres del pequeño enfermo.

CAPITULO 10

¿COMO DETECTAR UNA DEFICIENCIA EN LA VISION DEL NIÑO?

Debido a que las deficiencias más comunes en la visión pueden ser detectadas en el niño a una edad muy temprana, es conveniente que a partir de los 3 ó 4 años los pequeños sean sometidos a un examen general de la vista; muchos pediatras así lo recomiendan. Pero... ¿qué es lo que el oftalmólogo puede detectar al someter al niño a un examen de la vista? Cualquier trastorno hereditario, por ejemplo... y entre los mismos se encuentra la ambliopía y el estrabismo, condiciones que pueden ser corregidas en sólo unas semanas mediante el entrenamiento adecuado del cerebro, y por medio de anteojos (antes de los 8 años de edad); después la situación es mucho más difícil de ajustar, tomando a veces hasta seis meses.

Por medio de los nuevos instrumentos que se han desarrollado en los últimos años en el campo de la Oftalmología (entre ellos un escán para los ojos), hoy es posible examinar la vista de los niños sin tener que administrarles las tradicionales gotas para dilatar la pupila, lo cual causa temor en muchos pequeños. Además, hay oftalmólogos especializados en el tratamiento ocular infantil, cuyos consultorios ofrecen el ambiente más propicio para que el pequeño no sienta la aprensión que es característica de los niños ante la presencia de los médicos.

A continuación le ofrecemos información sobre las cinco deficiencias más comunes que se pueden presentar en la vista del pequeño:

1
ESTRABISMO

¿Qué es?

- Comúnmente se le llama *bizquera,* y se trata de un desajuste en el alineamiento de los ojos (un ojo puede moverse hacia arriba, abajo, o hacia el interior). Si la condición no es tratada, y el desajuste se mantiene, se puede desarrollar la llamada *ambliopía* (se estima que más del 50% de los niños que presentan el estrabismo tienen ambliopía).

¿Qué causa el estrabismo?

- De acuerdo con las estadísticas, la condición se presenta hasta en el 4% de los niños. Ocurre cuando existe un desbalance en los músculos que controlan los ojos, lo cual impide que los mismos se enfoquen en un mismo punto a la misma vez.

¿Cuáles son las primeras señales del estrabismo?

- Los ojos del bebé parecen que están cruzados, o no se mueven simultáneamente (después de los 4 ó 6 meses).
- También el pequeño puede mover la cabeza de una forma no normal, inclinada, para poder ver.
- A veces los ojos parecen perderse, una condición que comúnmente se conoce como *ojos vagabundos.*

¿Cuál es el tratamiento?

- Colocar un parche sobre el ojo que no presenta problema; se estima que este sencillo tratamiento es efectivo en la mayoría de los casos, siempre que se inicie antes de que el pequeño cumpla 9 años; el propósito es obligar al ojo débil a que se ajuste debidamente.
- En ocasiones el oftalmólogo puede recetar anteojos, si detecta una situación de ambliopía.
- En algunos casos, si el parche no resulta efectivo, se puede recurrir a una operación quirúrgica para corregir la situación. Este procedimiento puede ser realizado a partir de los 6 meses de edad del niño.

2
AMBLIOPIA

¿Qué es?

- Una deficiencia de la visión en un ojo que tiene una apariencia normal. Por lo general afecta un solo ojo (el cual el cerebro no activa debidamente), lo cual provoca que el niño pierda la percepción de la profundidad. La ambliopía afecta —de acuerdo a las estadísticas— a 2 ó 3 de cada 100 niños.

¿Qué causa la ambliopía?

- Puede ser el resultado del estrabismo.
- A veces es consecuencia de deficiencias en el enfoque ocular del pequeño.
- Se considera que es una condición hereditaria.

¿Cuáles son las primeras señales de la ambliopía?

- Por lo general el niño cierra un ojo al mirar un libro, o aproxima el libro a sus ojos.
- A veces, por instinto, cubre un ojo al tratar de enfocar objetos que están distantes.

¿Cuál es el tratamiento?

- Para igualar la visión en ambos ojos, el oftalmólogo recomienda un parche en el ojo normal; esto fortalece el ojo deficiente.
- También puede recomendar el uso de anteojos para corregir las deficiencias en el enfoque.
- En ocasiones, se emplean gotas oculares o lentes para nublar la visión en el ojo normal, lo cual obliga al ojo que sufre de ambliopía a fortalecerse.

3
MIOPIA

¿Qué es?

Una deficiencia en la visión a distancia; los objetos próximos pueden ser enfocados normalmente, pero los que se hallan distantes se presentan borrosos. No es una condición frecuente antes de los 9 años de edad.

¿ES NORMAL LA VISTA DEL BEBE?

Los pediatras —como rutina— examinan la vista del recién nacido para detectar cualquier problema que pueda presentar (como las cataratas, por ejemplo); después examina la vista del bebé a los 6 meses, para comprobar que el alineamiento de los ojos es correcto, y que funcionan simultáneamente. No obstante, los padres pueden someter al bebé a una serie de pruebas sencillas que les permitirá evaluar cómo funciona en ellos el mecanismo de la visión:

DE LAS 4 A LAS 6 SEMANAS

- Aproxime la cara lo más posible al bebé.
- Si su visión es normal, lo más probable es que sonría.

A LOS 3 MESES

- Mueva ante sus ojos un juguete; muévalo de un lado a otro.

¿Qué causa la miopía?

- El globo ocular en los niños que sufren de miopía es más largo de lo normal (del frente a la parte posterior). Esta diferencia en la forma (se le llama un *error refractario)* dificulta que los lentes se ajusten para enfocar debidamente los objetos que se encuentran a distancia.

¿Cuáles son los primeros síntomas?

- El niño muestra dificultad para enfocar los objetos distantes; por ello, cierra parcialmente los ojos (para tratar de enfocarlos con más precisión).

- Los ojos del bebé deben seguir el objeto en movimiento.
- Asimismo, aleje el juguete unos centímetros, y compruebe si el bebé trata de alcanzarlo con las manos.

ENTRE LOS 4 Y LOS 6 MESES

- Sostenga un juguete lejos del bebé, y aproxímelo a éste lentamente. ¿Trata de alcanzarlo?
- Ubíquese en otro ángulo de la habitación, y repita el mismo movimiento.
- El niño que no presente deficiencias en la visión podrá ver el objeto claramente a diferentes distancias, a medida que usted se mueva en la habitación.

DE LOS 6 MESES AL PRIMER AÑO

- Cuando el niño esté jugando, cubra uno de sus ojos (suavemente). ¿Continúa jugando?
- Cubra el otro ojo, y compruebe cuál es la reacción del niño ante esta nueva situación.
- Si el niño empuja su mano y se contraría, es posible que exista una diferencia en la visión entre un ojo y el otro.

- Al mirar o leer un libro, lo aproxima a sus ojos.

¿Cuál es el tratamiento?

- Los anteojos corrigen la miopía. No obstante, a medida que el niño va avanzando en edad, sus ojos se van desarrollando igualmente y, por lo tanto, los anteojos deben ser cambiados cada seis meses.
- La miopía por lo general se presenta a los 8 años de edad, cuando el crecimiento hace que el ojo cambie en tamaño y forma.
- En muchas ocasiones, la condición se estabiliza una vez que el niño llega a la edad de la pubertad.

4
HIPEROPIA

¿Qué es?

- Consiste en la dificultad de enfocar los objetos, próximos y aquéllos que se encuentran en la distancia; pueden presentarse borrosos.

¿Qué causa la hiperopía?

- El globo ocular es más corto de lo normal en sus medidas del frente a la parte posterior; debido a ello, los lentes no pueden enfocar debidamente los objetos próximos o en la distancia.
- Aunque a los bebés les resulta difícil ver en la distancia, con el tiempo el globo ocular se desarrolla y la visión mejora.

¿Cuáles son los primeros síntomas?

- Con frecuencia el niño se queja de que le arden los ojos.
- Frecuentes dolores de cabeza, después de leer o mirar la televisión.
- Se estriega los ojos frecuentemente.
- Se queja de que los objetos próximos los vé borrosos.

¿Cuál es el tratamiento?

- El oftalmólogo sólo recomendará los anteojos si considera que la condición es severa.
- En la mayoría de los niños, la hiperopía cede gradualmente.

5
ASTIGMATISMO

¿Qué es?

- Una visión borrosa y distorsionada de los objetos próximos y en la distancia. Los objetos parecen más largos, más anchos o más altos de lo que realmente son.
- El astigmatismo se presenta muchas veces conjuntamente con la miopía.

¿Qué causa el astigmatismo?

- La córnea del ojo normal es curva, como la superficie de una pelota de tenis. En el niño que padece de astigmatismo, la córnea no es totalmente curva, sino que puede semejar una pelota de fútbol americano; esto distorsiona la visión.

¿Cuáles son los primeros síntomas?

- Por lo general el niño se queja de que ve los objetos borrosos, a cualquier distancia. En ningún momento puede ver los objetos con la definición normal.

¿Cuál es el tratamiento?

- El oftalmólogo recomendará el uso de anteojos para corregir el astigmatismo.
- Por lo general la condición es constante.

CONCLUSION

Muchas de estas deficiencias en la visión infantil pueden ser corregidas en la actualidad... si son debidamente detectadas (y tratadas) mientras el niño es pequeño. Si esto es logrado, no hay duda de que el niño podrá desarrollarse en condiciones más favorables.

CAPITULO 11

LO QUE TODOS LOS PADRES DEBEN SABER SOBRE LA VARICELA

De acuerdo con estadísticas proporcionadas recientemente por la **Organización Mundial de la Salud (OMS)**:

- Se estima que este año más de 25 millones de niños en todo el mundo se enfermarán con varicela... y la incidencia de esta peligrosa enfermedad contagiosa será mucho mayor en los pequeños entre los 3 y los 6 años de edad.

En muchos casos, la varicela no presentará un verdadero peligro para la vida de estos niños; en otros, sin embargo, los síntomas llegarán a ser tan severos que los pequeños deberán ser hospitalizados y sometidos a tratamientos especiales. Algunos, no obstante, morirán de las complicaciones que pueden presentarse si esta enfermedad infecciosa no es tratada debidamente.

Sin duda, se trata de una situación alarmante a la que, sin embargo, no le prestamos la debida importancia, porque se estima que hasta el 95% de todos los seres humanos desarrollamos esta enfermedad, generalmente en la infancia... y la mayoría logramos sobrevivir, sin que después nos recordemos de los molestos síntomas que experimentamos.

Sin embargo, la varicela hoy puede ser prevenida... a pesar de que no se ha divulgado mucha información al respecto. Después de muchos años de investigación científica, en marzo de 1995 comenzó a comercializarse una vacuna contra la varicela (con el nombre comercial de *Varivax,* desarrollada por los Laboratorios Merck en los Estados Unidos). Y aunque las asociaciones médicas internacionales recomendaron inmediatamente que todos los niños de más de un año de edad (y que nunca hubieran desarrollado la enfermedad) fueran vacunados contra la varicela, la realidad es que pocos pediatras han implementado esta recomendación debido a una actitud de escepticismo general que aún hoy prevalece en el mundo científico con respecto a la citada vacuna. En muchos casos, si los padres no están debidamente informados con respecto a la existencia de esta nueva vacuna, y no solicitan que sus hijos sean inmunizados con ella, el especialista no lo sugiere. ¿Por qué...?

AUNQUE COMUN, ¡NO HAY DUDA DE QUE LA VARICELA ES UNA ENFERMEDAD PELIGROSA!

Son muchos los médicos que honestamente consideran que la varicela no es una enfermedad peligrosa, y por lo tanto, no creen que es imprescindible que el niño se vacune contra ella. Los síntomas de la condición, una vez que aparecen en el pequeño, se manifiestan durante 7 ó 10 días, y finalmente ceden. Sin embargo, las estadísticas revelan que no siempre es éste el caso:

- Miles de niños desarrollan complicaciones relacionadas con la enfermedad, como pueden ser el impétigo (una infección de la piel), la neumonía, y —a veces— la inflamación del cerebro.

Desde luego, nadie puede predecir si estas complicaciones se van a presentar o no, y aunque todos los especialistas esperan que la enfermedad cumpla su proceso de desarrollo normal sin ocasionar mayores trastornos, la realidad es que el peligro de que surja una complicación siempre está vigente y debe ser tomado en consideración. La vacuna evita este peligro:

- En muchos casos impide que se produzca el contagio; en otros, previene que la enfermedad se manifieste en toda su intensidad.

La varicela es una enfermedad altamente contagiosa, causada por el virus del herpes zóster; aunque puede presentarse a cualquier edad, es más frecuente en los niños, pero mucho más severa si afecta a los adultos (especialmente después de los 50 años de edad).

¿CUALES SON SUS SINTOMAS?

- Dolor abdominal y una sensación de malestar general que puede prolongarse durante uno o dos días.
- Fiebre.
- Erupciones en la piel de todo el cuerpo, incluyendo el cuero cabelludo, las mucosas de la boca, la nariz, e inclusive los órganos genitales. Los ulceraciones desaparecen a las 24 horas y se forman entonces postillas. No obstante, surgen nuevas ulceraciones cada 3 ó 4 días.
- Si la enfermedad se presenta en los adultos, los síntomas pueden ser similares a los de la influenza.

La infección se contagia por medio de pequeñas gotitas en suspensión en el ambiente, o por contacto directo con una persona infectada. El período de incubación del virus es de 7 a 21 días. Es importante mencionar que el bebé recién nacido está protegido naturalmente durante varios meses de la varicela, si la madre presentaba la enfermedad en el momento de su nacimiento (o antes). No obstante, esta inmunidad comienza a disminuir entre los 4 y los 12 meses.

La varicela solamente puede ser prevenida por medio de la inmunización. En el caso de las personas que tienen un sistema inmunológico deficiente o que toman medicamentos contra el cáncer, es importante fortalecer al máximo su sistema inmunológico para evitar el contagio.

¿CUAL ES EL TRATAMIENTO INDICADO?

- El especialista por lo general recomienda medicamentos para aliviar

¿CUALES SON LAS COMPLICACIONES DE LA VARICELA?

- Se pueden presentar infecciones secundarias en las ulceraciones, muchas de ellas causadas por bacterias.
- Neumonía.
- Infecciones de los ojos.
- Miocarditis.
- Artritis.
- Síndrome de Reye.
- Encefalitis.

el escozor: anestésicos de aplicación local y medicamentos anti-histamínicos, los cuales ofrecen alivio rápido, aunque corto.

- Las preparaciones que contienen lidocaína y pramoxina son las más seguras. También se pueden emplear lociones que contienen fenol, mentol, y alcanfor, así como soluciones a base de calamina.
- Para reducir la fiebre, se le puede dar al niño acetaminofén. Es importante estar consciente de que a los niños de menos de 18 años no se les deben dar aspirinas, ya que se puede contribuir a desarrollar el llamado *síndrome de Reye,* que es una forma de encefalitis.
- Mantenga las uñas cortas para evitar que el pequeño se rasque; si fuera necesario, inclusive será imprescindible cubrir las manos del niño con guantes de algodón.

Otras observaciones a seguir durante la enfermedad

- El niño no tiene que permanecer necesariamente en cama durante el desarrollo de la enfermedad, pero sí es importante que se mantenga en un lugar fresco (el calor intensifica el escozor que es característico de esta condición).
- También es importante que no esté en contacto con otras personas

sanas, para evitar la posibilidad del contagio.

- La enfermedad cede espontáneamente después de 7 ó 10 días. En los adultos toma más tiempo, y son mayores las posibilidades de complicaciones. Después de recuperarse, la persona desarrolla inmunidad de por vida contra la enfermedad. El mismo virus de la varicela, no obstante, puede causar el herpes zóster (vea el recuadro que incluimos en este mismo capítulo).

5 PREGUNTAS QUE TODOS LOS PADRES SE HACEN CON RESPECTO A LA VACUNA CONTRA LA VARICELA

1

PREGUNTA: Si mi hijo ha estado expuesto al contagio de la varicela... ¿es tarde ya para vacunarlo?

RESPUESTA: Los estudios sobre la vacuna se continúan realizando en estos momentos. No obstante, en las investigaciones llevadas a cabo en Japón se ha podido comprobar que cuando la inmunización se realiza antes de las 72 horas después de que el niño ha sido expuesto al virus del herpes zóster, al menos se reduce la severidad de la enfermedad.

2

PREGUNTA: ¿A qué edad se debe comenzar a vacunar a los niños contra la varicela?

RESPUESTA: La vacuna se recomienda para todos los niños de más de un año de edad, y que nunca han tenido la varicela. A partir de los 13 años, los adolescentes requieren dos inyecciones de la vacuna, con un período de entre cuatro y ocho semanas entre una inmunización y otra.

3

PREGUNTA: ¿Se puede vacunar al niño contra diferentes enfermedades a la vez... incluyendo la varicela?
RESPUESTA: Sí. Los especialistas sugieren que —entre los 12 y 15 meses de edad— el niño sea vacunado contra las paperas, la rubeola, el sarampión, y la varicela. En estos momentos se está tratando de desarrollar una sola vacuna que sea efectiva contra estas cuatro enfermedades.

4

PREGUNTA: ¿Qué niños no deben ser vacunados contra la varicela?
RESPUESTA: Los especialistas opinan que la vacuna contra la varicela no es recomendable para los niños que presentan algún tipo de sensibilidad a la gelatina o al medicamento neomocina. Asimismo, tampoco se sugiere para los niños que presentan un sistema inmunológico deficiente por padecer de ciertas condiciones (como pueden ser la leucemia, el SIDA, y el linfoma).

5

PREGUNTA: ¿Deben los adultos vacunarse contra la varicela... si nunca han tenido la enfermedad?
RESPUESTA: Por supuesto... a menos que se trate de una mujer embarazada, ya que el efecto de la vacuna en el feto aún no ha sido determinado por los científicos. Aunque se estima que hasta el 95% de los adultos han tenido varicela, si no está seguro en este aspecto —y no tiene forma alguna de comprobarlo— ¡vacúnese!

¡LA VACUNA CONTRA LA VARICELA NO ES DE POR VIDA!

La vacuna contra la varicela es lo que se conoce con el nombre de una *vacuna viva;* es decir, el niño es inmunizado con una forma tan debilitada del mismo virus que causa la enfermedad que éste no tiene la potencia necesaria para desarrollar los síntomas característicos de la condición (se estima que sólo el 4% de los niños vacunados llegan a presentar algún síntoma muy ligero de la enfermedad). No obstante la debilidad del virus empleado en la inmunización, el mismo sí tiene la potencia necesaria para estimular al sistema inmunológico del cuerpo del pequeño para producir los anticuerpos que son capaces de neutralizar al virus y desarrollar la inmunidad hacia la condición. Son estos anticuerpos los que protegen al niño de la varicela.

Ahora bien, ¿hasta qué punto es efectiva esta vacuna...? Veámoslo de la siguiente manera:

- Los niños que contraen la varicela de otros niños contaminados, nunca vuelven a sufrir los estragos de la enfermedad en el futuro debido a que desarrollan anticuerpos muy potentes.
- Sin embargo, los especialistas que han desarrollado la vacuna contra la varicela no han logrado determinar aún si los anticuerpos que la misma crea tendrán la potencia suficiente para proteger al niño indefinidamente; es decir, durante toda su vida.

En Japón, por ejemplo, donde también se ha desarrollado una vacuna similar contra la varicela, se considera que la actividad de la misma puede prolongarse hasta por veinte años. Transcurrido este tiempo, la persona necesita un *búster* (nuevo activador o inyección de refuerzo) para que no se vuelva a presentar la enfermedad. Con la vacuna norteamericana —como es de creación relativamente reciente— aún quedan muchas lagunas por aclarar con respecto a la protección que en realidad ofrece, y el tiempo de inmunidad que garantiza. De cualquier forma, la mayoría de los especialistas considera que si los niños comienzan a ser vacunados masivamente contra la varicela, al menos se evitará la posibilidad de que ya de adultos desarrollen los síntomas más potentes de la enfermedad.

¿CUALES SON LOS EFECTOS SECUNDARIOS DE LA VACUNA?

No sólo es la verdadera efectividad de la vacuna contra la varicela lo que preocupa a los médicos y a los padres, sino también las complicaciones

EL NIÑO TIENE VARICELA... ¿QUE PUEDE HACER USTED?

Tratar de aliviar los molestos síntomas de esta enfermedad, y hacer todo lo posible para evitar que se presenten complicaciones... lo cual sucede con frecuencia. Por ejemplo:

- Para aliviar el escozor que producen las ulceraciones y las postillas, proporciónele la oportunidad de tomar baños de inmersión. Diluya en el agua bicarbonato de soda o avena (una cantidad equivalente a 1 ó 2 tazas).
- Aplique una solución a base de calamina a las ulceraciones.
- Vista al niño con ropa de algodón, para evitar que la piel se irrite más al contacto con los tejidos sintéticos.
- Si el pequeño presenta ulceraciones en la boca y se le hace difícil ingerir alimentos, haga que beba abundancia de líquidos y proporciónele únicamente alimentos blandos (gelatina, por ejemplo).
- Para controlar la fiebre y la posibilidad de que se le presenten dolores de cabeza, dele acetaminofén. Tenga presente que la aspirina y el ibuprofén pueden causar complicaciones en los niños afectados por la varicela.
- Bañe diariamente al niño, con un jabón suave (preferiblemente medicado). Cerciórese de que se enjuague bien.
- Córtele las uñas y no permita que se rasque. Si las ulceraciones se abren, se pueden presentar infecciones secundarias.
- Si la fiebre se mantiene por más de cuatro días, el niño debe ser visto inmediatamente por el pediatra. Asimismo, llame al médico si comprueba que presenta dolor en el cuello, vómitos, dificultad para mantener el equilibrio, tos, dificultad al respirar, y dolor muy intenso en algunas lesiones, así como cualquier síntoma de deshidratación.

¿QUE ES EL HERPES ZOSTER?

Más conocida como *culebrilla,* se trata de una infección de los nervios que llegan a determinadas áreas de la piel, provocando ulceraciones pequeñas, y postillas. Después que la erupción desaparece, el dolor se puede mantener por meses, e inclusive por años. En verdad nadie se contagia con la culebrilla, sino con la varicela. Después de que la varicela ha afectado al niño, el virus que la causa (llamado *virus del herpes zóster)* se aloja en los tejidos nerviosos del cuerpo, silentemente, donde permanece —inactivo, pero latente— hasta que se activa nuevamente. Aunque el herpes zóster puede afectar a personas de todas las edades, es más frecuente en los adultos, después de los 50 años.

¿CUALES SON LOS SINTOMAS?

- Ulceraciones o ampollas rojizas, muy dolorosas, que se presentan en cualquier parte del cuerpo. Las mismas aparecen entre 4 y 5 días después de que se manifiesten los primeros síntomas. Las ulceraciones se presentan en áreas específicas, pero casi siempre en el pecho, y se propagan hacia un lado del cuerpo.
- Escalofríos, fiebre y un estado de malestar general.
- Náuseas, calambres abdominales, diarreas.
- Dolores en el pecho, en la cara, y una sensación de ardentía en la piel del abdomen (de acuerdo con el área afectada).

¿Qué causa el herpes zóster? El mismo virus que causa la varicela (herpes zóster), que ha permanecido dormido, latente, en el cuerpo del niño hasta que éste llegó a la edad adulta.

COMPLICACIONES

- Infecciones secundarias en las ulceraciones.
- Dolor crónico, especialmente en las personas de más edad, el cual puede manifestarse por meses (o años) en los nervios sensoriales donde se hallaban las ampollas.
- Ulceraciones en la córnea.
- Infecciones en el sistema nervioso central.

EL TRATAMIENTO

El primer propósito del tratamiento del herpes zóster es aliviar el escozor y el dolor que causa esta condición, mediante medicamentos orales y de aplicación tópica. Hasta el presente no existe un tratamiento para prevenirlo; sólo se alivian los síntomas:

- Al bañarse, lave las ulceraciones suavemente.
- No cubra las ulceraciones con vendas.
- Aplique compresas frías y húmedas sobre las ulceraciones.
- Tome baños de inmersión; agregue avena o bicarbonato de soda.
- Para aliviar las molestias causadas por las ulceraciones, aplique una solución a base de calamina.
- Para molestias menores, emplee acetaminofén.
- Los medicamentos a base de cortisona, recetados por el médico, permiten aliviar el dolor en los casos en que éste se manifiesta intensamente.
- El aciclovir, un medicamento anti-viral, resulta efectivo. Sólo puede ser recetado por el médico.
- En algunos casos severos, se aplican inyecciones para los nervios.

secundarias que se pueden presentar una vez que el niño es inmunizado, las cuales —en algunos casos— pueden ser tan negativas como la enfermedad en sí. En realidad, se ha exagerado la publicidad que se le ha dado a esta reacción a la vacuna, ya que todas las pruebas que han sido realizadas al respecto demuestran que:

- Solamente el 19% de los niños que son vacunados contra la varicela experimentan solamente una ligera inflamación, una irritación menor, y una pequeña erupción alrededor del lugar en la piel donde se introdujo la inyección inmunizadora.
- Unicamente un 4% de los pequeños llegan a desarrollar una forma muy leve de la enfermedad, unas semanas después de haber tomado lugar la inmunización. En esos casos, solamente se presenta un pequeño número de lesiones que pueden ser calificadas como mínimas si se las compara con el promedio de más de 350 ulceraciones que se manifiestan en los niños que desarrollan la enfermedad por contagio natural.

Surge una pregunta inevitable:

- ¿Es contagiosa la enfermedad en este 4% de niños que desarrollan síntomas ligeros de la varicela al ser inmunizados...?

De acuerdo con los estudios, el virus en la vacuna viva no es trasmitido a los niños saludables. No obstante, los que presentan un sistema inmunológico deficiente (que padecen de leucemia, SIDA, o algún tipo de tumoración cancerosa) sí muestran más posibilidades de ser contaminados. En estos casos, los síntomas de la enfermedad son más severos... y estos pequeños a su vez pueden contagiar a otros niños, lo cual sucede hasta en un 17% de los casos en que un niño saludable es expuesto a otro ya contaminado debido a deficiencias inmunológicas.

Sin embargo, el efecto secundario más peligroso de la vacuna contra la varicela apenas se menciona... y se trata de una condición que puede presentarse varias décadas después de haberse producido la inmunización original:

- Muchos especialistas consideran que la vacuna contra la varicela puede provocar el herpes zóster (una condición conocida comúnmente como *culebrilla)* una vez que el niño llegue a la edad adulta (vea el recuadro que incluimos en las páginas anteriores).

Como la vacuna contra la varicela es de reciente creación, no se sabe aún si los niños que sean inmunizados con ella llegarán a desarrollar el herpes zóster una vez que sean adultos... y la incógnita preocupa a muchos médicos. No obstante, todos los estudios en este sentido sugieren que:

- Inclusive los niños vacunados contra la varicela, pero que presentan algún tipo de deficiencia inmunológica, pueden llegar a desarrollar el herpes zóster, aunque con menos frecuencia y severidad que aquéllos que contraen la enfermedad naturalmente (es decir, por medio del contagio directo).

Esto hace pensar a los científicos que la vacuna contra la varicela puede también proteger a los adultos contra el herpes zóster. Es más, los investigadores que han estado involucrados en el desarrollo de la nueva vacuna consideran que el niño vacunado contra la varicela, con recibir solamente un activador al llegar a la edad adulta, puede desarrollar la inmunidad contra el herpes zóster.

ENTONCES... ¿QUE ES LO QUE SE DEBE HACER?

Es evidente que todos estos factores desconciertan, no sólo a los médicos sino a los padres, los cuales no quieren correr el riesgo de que sus hijos lleguen a desarrollar los síntomas de una enfermedad como la varicela, precisamente al ser vacunados contra ella. No obstante:

- La mayoría de los especialistas recomiendan la inmunización contra la varicela a pesar de los efectos secundarios que puedan presentarse.

Es importante tomar en cuenta que la varicela no es una enfermedad tan benigna como muchos pudieran pensar. Si la Medicina ha logrado desarrollar un medicamento efectivo que es capaz de prevenir la enfermedad, y controlar al máximo la posibilidad de que se manifiesten complicaciones para la salud del pequeño, es importante que el mismo sea empleado.

CAPITULO 12

LAS 9 ENFERMEDADES INFANTILES MAS COMUNES

Además de la varicela (que consideramos en el capítulo anterior), hay una serie de enfermedades que pueden atacar a cualquier persona, a cualquier edad... pero éstas son las que con mayor frecuencia afectan a los niños. Ante un caso de rubeola, sarampión, paperas, tos ferina o síndrome de Reye... ¿sabe usted cómo actuar para evitar que se presenten complicaciones en el pequeño?

1 LA RUBEOLA

Siempre se ha considerado que la rubeola es una enfermedad peligrosa (una de las más contagiosas que se conocen), y es causada por un virus que infecta y ataca la piel y la parte superior de las vías respiratorias. Puede presentarse a cualquier edad, aunque por lo general se manifiesta en los niños.

SINTOMAS

Los síntomas de la rubeola por lo general se presentan en la siguiente secuencia:

- Aumenta la temperatura a 38.9º (o más).
- Fatiga.
- Pérdida del apetito.
- Coriza.
- Secreciones nasales.
- Tos seca.
- Enrojecimiento de los ojos, y sensibilidad a la luz.
- Manchas blancas en la boca y en la garganta.
- Manchas rosadas en la frente, las cuales se van extendiendo progresivamente a otras partes del cuerpo.

¿QUE CAUSA LA RUBEOLA?

- Un virus que afecta principalmente las vías respiratorias y la piel. El período de incubación —después de haberse producido el contagio— oscila entre una y dos semanas.
- El riesgo al contagio aumenta cuando se vive en malas condiciones sanitarias o si se está expuesto a grupos de personas que no han sido debidamente vacunadas.
- Asimismo, es preciso tener presente que en situaciones de epidemia de rubeola, la enfermedad se vuelve más virulenta y el índice de contagio es mayor.

¿COMO SE PREVIENE?

Lo más indicado para prevenir la rubeola es, desde luego, la inmunización. Considere que la persona que no está inmunizada, está expuesta a la enfermedad. En todo caso, es recomendable la inyección con gamma globulina (anticuerpos), lo cual puede impedir (o reducir) la gravedad de la condición.

¿CUANDO DEBE LLAMAR AL MEDICO?

Llame al médico si el niño presenta algunos de los síntomas de la rubeola:

- Si la fiebre aumenta a más de 39.5º C, acompañada de lesiones en la garganta.
- Si se presentan fuertes dolores de cabeza.
- Cuando se manifiestan dolores en los oídos.
- En casos de convulsiones.
- Si el pequeño se ve afectado por letargo o un estado de somnolencia que usted considere anormal.
- Cuando se manifiestan dificultades respiratorias (por encima de 35 inspiraciones por minuto).
- Si los labios adquieren una tonalidad gris o azulosa.
- Cuando se presentan descargas nasales sin color, y esputos.
- Si la tos se mantiene persistente, por más de cuatro o cinco días.

¿QUE CUIDADOS REQUIERE?

- Seguir las indicaciones del médico y los tratamientos indicados, si hay complicaciones.
- Cuidados en el hogar después del diagnóstico. (La observación de los propios síntomas y la historia clínica son factores que ayudan en estos casos).

¿EXISTEN COMPLICACIONES?

- Pueden presentarse la encefalitis (inflamación del cerebro), meningitis (inflamación de las meninges, o membranas que protegen el cerebro) o una neumonía (infección de los alveolos pulmonares).

- En todo caso, lo más probable es que un niño que haya sido vacunado o que haya sufrido la enfermedad anteriormente, nunca llegue a desarrollar esta condición.
- Una persona protegida con gamma globulina cuenta por lo menos con tres meses de protección.
- Si no se presentan complicaciones, el enfermo se recupera una vez que termine el período de actividad viral.

¿COMO SE TRATA LA RUBEOLA?

Siga siempre las instrucciones médicas. Las indicaciones que le menciono a continuación son suplementarias:

- No permita que el niño lea o vea televisión durante los primeros días después de haberse manifestado la erupción debido a que los ojos se vuelven muy sensibles a la luz.
- Si es posible, utilice un humidificador en la habitación donde permanezca el niño, con el fin de suavizar la tos y lograr secreciones más fluidas que puedan expulsarse con mayor facilidad.
- Mantenga el control de la temperatura ambiente. Si excede 39.4 grados centígrados debe reducirla inmediatamente.

MEDICAMENTOS INDICADOS

- Tenga presente que cuando su médico recete antibióticos no lo está haciendo para combatir la rubeola, la cual es causada por un virus y contra el cual los antibióticos son inefectivos. Su propósito es tratar complicaciones secundarias en el caso de que éstas se presenten (en forma de infección en los oídos, o neumonía, generalmente).
- Nunca le dé aspirinas a un niño menor de 16 años. Recurra al acetaminofén para aliviar el malestar y reducir la fiebre. El empleo de aspirinas en niños con enfermedades virales puede causar complicaciones graves, inclusive el síndrome de Reye.
- No es preciso observar ninguna dieta especial. Sin embargo, se debe hacer hincapié en beber líquidos en abundancia.

- Cerciórese, al mismo tiempo, de que el niño esté orinando normalmente; es muy importante que se mantenga un equilibrio adecuado de fluidos para evitar complicaciones pulmonares.

¿QUE ACTIVIDAD PUEDE TENER EL NIÑO?

- Trate que el niño repose, pero no le obligue (ya que no es imprescindible) que guarde cama. Sin embargo, mientras tiene fiebre y la erupción está presente, debe descansar. Una vez pasado este período, el pequeño puede jugar al aire libre (si la brillantez de la luz no le molesta a los ojos).
- Los niños no deberán regresar a la escuela hasta que haya transcurrido entre una semana y diez días después de haberse presentado la fiebre, una vez que la erupción haya cedido.

2
TOS FERINA

Es una enfermedad bacterial muy contagiosa, que afecta los bronquios y los pulmones. Afortunadamente, en los últimos años se ha logrado reducir notablemente gracias a la vacunación a nivel mundial. Afecta los bronquios, laringe y pulmones y puede atacar a cualquier edad, pero es más frecuente en los niños.

SINTOMAS GENERALES

- Cuando la tos ferina comienza, muchas veces es confundida con una coriza, caracterizándose porque se presentan secreciones nasales intensas.
- Tos seca, la cual va en aumento.

- Esputos.
- Fiebre ligera.
- A medida que va progresando la enfermedad aumentan los ataques de tos, los cuales llegan a volverse muy severos (a veces duran hasta un minuto o más).
- El rostro se enrojece o se vuelve azuloso, debido a la falta de oxígeno provocada por los ataques de tos. Cuando el niño tose, abre la boca desesperadamente, como tratando de evitar la asfixia.
- Vómitos, diarreas.
- Fiebre.

¿QUE CAUSA LA TOS FERINA?

La tos ferina se debe a la infección creada por la bacteria *Bordetella pertussis* (motivo por el cual la enfermedad también es conocida como *pertussis*). Se trasmite:

- Por contacto directo con una persona enferma; o
- por contagio indirecto, al respirar el aire que contiene partículas infectadas o mediante el contacto con artículos contaminados.

El período de incubación toma entre 5 y 7 días. El riesgo es mayor si se mantiene contacto con personas que no han sido inmunizadas, al ocurrir las epidemias que se presentan cíclicamente, durante las cuales la virulencia de las bacterias es cada vez mayor. Asimismo, la enfermedad se manifiesta con mayor frecuencia en aquellos ambientes donde no se observan las reglas de higiene necesarias.

¿COMO SE PREVIENE LA TOS FERINA?

Lo más indicado es la vacunación, la cual puede comenzarse a partir de los dos meses de edad.

¿Qué hacer una vez que se presenta la enfermedad?

- Seguir las indicaciones del médico y observar los tratamientos indicados, si se presentan complicaciones.

¿CUANDO DEBE LLAMAR AL MEDICO?

- Llame al médico tan pronto se presenten en el pequeño algunos de los síntomas que le permitan identificar la situación como *tos ferina,* pero sobre todo si el niño, al toser, se vuelve cianótico (su piel adquiere un tono azulado) o si enrojece.
- Asimismo, vea al especialista si la fiebre pasa de 39.5° C, o si los vómitos se mantienen durante más de dos días.

- Cuando los niños son muy pequeños puede requerirse su hospitalización; los niños mayores pueden ser tratados en su propio hogar.
- La enfermedad se diagnostica mediante la observación de los síntomas, el análisis de la historia clínica del paciente, el examen físico que practica un médico, así como los estudios de laboratorio, rayos X, análisis de esputos, y otras pruebas clínicas.

¿CUALES SON LAS COMPLICACIONES QUE PUEDEN PRESENTARSE?

- Pueden ocurrir sangramientos nasales, desprendimiento de la retina, convulsiones, encefalitis, neumonía, apnea (respiración muy dificultosa, con falta de aire), infecciones del oído medio, ruptura de vasos sanguíneos en el cerebro.

Generalmente la tos ferina se cura con unas seis semanas de tratamiento. El patrón regular de la enfermedad se caracteriza por:

- Dos semanas iniciales con la tos no característica.
- Dos semanas con la tos fuerte.
- Dos semanas de convalescencia.

En muchos casos la tos persiste aun después de varios meses.

¿COMO SE TRATA?

- Siga siempre las indicaciones del médico.
- Aísle al paciente hasta que la fiebre haya cedido.
- Las personas que lo visiten deben usar máscaras protectoras (para evitar el contagio).
- Si el paciente es muy pequeño, levántelo, inclínele la cabeza y ayúdele a expulsar las flemas (para aliviar esa sensación de asfixia que resulta tan molesta y peligrosa).
- Utilice humidificadores, si es posible, para propiciar la humedad.

¿Cuáles son los medicamentos indicados?

- Use únicamente medicamentos para combatir la tos que hayan sido recetados por el médico.
- Tampoco utilice antibióticos, los cuales deben ser recetados exclusivamente por el médico (para evitar complicaciones en el oído medio o la neumonía). Recuerde que siempre es muy peligroso el autorecetarse, pero más en los casos de tos ferina.

¿QUE PUEDE HACER EL PACIENTE?

- Mantenga al niño en la cama, hasta que la fiebre ceda.
- Las actividades normales se deben ir reanudando paulatinamente, sin que el niño haga mayores esfuerzos.
- Haga que el pequeño ingiera líquidos abundantemente (zumos, agua, líquidos carbonatados, caldos, etc.).
- Los alimentos sanos —en pequeñas cantidades— pueden ayudar a controlar los vómitos.

3
SARAMPION

El llamado *sarampión alemán* es una enfermedad benigna, causada por un virus que puede, sin embargo, provocar serios defectos de nacimiento en un niño si la madre contrae la enfermedad mientras está embarazada (especialmente durante los primeros tres o cuatro meses después de haberse producido la concepción). La enfermedad afecta la piel y las glándulas linfáticas que se encuentran detrás de las orejas y en el cuello. Asimismo, puede presentarse a cualquier edad, pero se trata de una condición que es más común en los niños.

SINTOMAS GENERALES

- Fiebre.
- Dolores musculares y cierta rigidez, especialmente en el cuello.
- Fatiga.
- Dolores de cabeza.
- Erupción rojiza (primeramente en la cabeza; después en el cuerpo... al segundo o tercer día).
- Por lo general la erupción dura entre uno y dos días.
- Las glándulas linfáticas se inflaman, sobre todo las que están detrás de las orejas y en la parte posterior y los lados del cuello.
- Dolores en las articulaciones (en el caso de los adultos).

¿QUE CAUSA EL SARAMPION ALEMAN?

Un virus que se contagia de persona a persona. Los pacientes se vuelven altamente contagiosos a partir de una semana antes de que se manifieste la erupción, así como una semana (aproximadamente) después que la misma desaparece.

¿COMO SE PREVIENE?

- La inmunización o vacunación es el método preventivo más eficaz, la cual debe realizarse a los 15 meses de nacido el bebé.

¿CUANDO DEBE LLAMAR AL MEDICO?

- Primeramente, apenas identifique que los síntomas que el pequeño presente son característicos del sarampión alemán.
- Si la fiebre sobrepasa los 39.5° C.
- Si se produce un enrojecimiento de los ojos.
- Si hay tos frecuente, o dificultad para respirar.
- Cuando los dolores de cabeza se vuelven muy intensos.
- En situaciones de letargo o somnolencia general.
- Cuando se presentan convulsiones.
- En algunos casos se manifiestan sangramientos anormales, una o cuatro semanas después de la enfermedad (en la nariz, útero o manchitas de sangre esparcidas por la piel).

- Las mujeres que no se encuentren embarazadas y estén en edad para ello, deben vacunarse (si no han sido inmunizadas anteriormente). Asimismo, se debe evitar el embarazo durante los tres meses que siguen a la vacunación (su médico determinará, mediante un examen, si ha padecido la enfermedad y otros pormenores de la misma).
- Si una persona (sobre todo una mujer embarazada) se encuentra expuesta a la enfermedad y no ha sido inmunizada, debe inyectarse con anticuerpos de gamma globulina inmediatamente después de la exposición a la enfermedad. De esta manera se previene —o al menos se reduce— la gravedad de la enfermedad. No obstante, si existen trastornos en el sistema inmunológico, no se debe vacunar (por ejemplo, situaciones de cáncer, SIDA, estar sujeta a tratamientos anticancerosos, a tratamientos a base de radiaciones u otros similares).

¿QUE CUIDADOS REQUIERE?

- Seguir las indicaciones del médico y los tratamientos indicados (si hay complicaciones).
- La enfermedad se diagnostica siguiendo las observaciones personales y con la asistencia profesional.

¿QUE COMPLICACIONES PUEDEN PRESENTARSE?

Pueden ocurrir graves defectos en los niños si la madre contrae el sarampión durante el embarazo; en algunos casos los defectos son catastróficos: encefalitis, trombocitopenia (falta de plaquetas o elementos coaguladores de la sangre), agranulocitosis (glóbulos rojos anormales).

No obstante, la recuperación es espontánea (en cuestión de una semana, más o menos), y en los niños puede afirmarse que la enfermedad es casi siempre benigna. En los adultos, la recuperación se convierte en un proceso más largo, desde luego.

¿COMO SE TRATA EL SARAMPION ALEMAN?

- Siga siempre las instrucciones del médico.
- Si una mujer embarazada contrae la enfermedad, debe ponerse inmediatamente en manos del médico ya que de no hacerlo está poniendo en peligro la vida del feto.

¿Qué medicamentos se indican?

- Para aliviar los síntomas puede usar acetaminofén, pero no aspirinas (a menores de 16 años).
- No es necesario observar una dieta especial.
- Se recomienda que el paciente permanezca en cama, descansando, mientras dure la fiebre.
- Las actividades deben limitarse hasta un día después de que desaparezca la erupción. El pequeño podrá irse reintegrando a sus actividades habituales a medida que vaya recuperando la fuerza física.

4
PAPERAS

Se trata de una enfermedad viral, benigna, que causa una inflamación dolorosa de las glándulas salivares. Afecta las parótidas (las cuales se encuentran entre la oreja y el maxilar) aunque también ocasionalmente pueden afectar otros órganos, como son los testículos (en los hombres) y los ovarios (en las mujeres); el páncreas; las glándulas mamarias; el cerebro y las meninges (las membranas que envuelven el cerebro). Ataca a todas las edades, pero es más común en niños entre 2 y 12 años. En general se considera que el 10% de los adultos es susceptible a desarrollar las paperas.

SINTOMAS GENERALES

- Inflamación y dolor en las glándulas parótidas. Estas glándulas se sienten duras al tacto; cuando se traga o se mastica, el dolor se vuelve más intenso.
- Fiebre.
- Irritación en la garganta.

Además, hay otros síntomas adicionales que se manifiestan si surgen complicaciones:

- Dolores e inflamación de los testículos (en el hombre); en los ovarios (en la mujer).
- Dolores abdominales, si se afecta el páncreas.
- Dolores abdominales, en general.
- Dolores de cabeza muy intensos, especialmente si las meninges se ven afectadas.

¿QUE CAUSA LAS PAPERAS?

- El virus de las paperas se trasmite por contacto directo. Esto puede ocurrir en cualquier momento a partir de las 48 horas antes de que se manifiesten los primeros síntomas hasta seis días después de que éstos desaparezcan.
- El proceso de incubación se prolonga entre 14 y 24 días después del contacto con una persona ya contagiada; el promedio de contagio es de 18 días.

¿CUANDO DEBE LLAMAR AL MEDICO?

■ Llame al médico si el niño presenta algunos de los síntomas que son característicos de las paperas.
■ Si la fiebre aumenta de 38.3º.
■ Si se presentan vómitos durante la enfermedad; o dolores de cabeza muy intensos, los cuales no se alivian con los calmantes de uso común.
■ Cuando se presentan estados de somnolencia que casi no permiten que el pequeño se mantenga despierto.
■ Si se desarrollan procesos inflamatorios.
■ Si se manifiestan dolores en los testículos (u ovarios).
■ Si se hacen contracciones o surgen movimientos musculares involuntarios (los llamados *tics)* en el rostro.
■ Ojos enrojecidos o irritados.

■ El riesgo al contagio aumenta con la promiscuidad, así como en aquellos centros urbanos en los que la densidad habitacional es grande.

¿COMO SE PREVIENEN LAS PAPERAS?

■ Por medio de la vacunación, según la edad.
■ Si no ha sufrido las paperas y algún miembro de la familia cercana la contrae, es fundamental fortalecer el sistema inmunológico. Consulte a su médico al respecto, desde luego.

¿QUE CUIDADOS REQUIERE EL ENFERMO?

En primer lugar, seguir las indicaciones del médico y los tratamientos indicados (si se presentan complicaciones). Estas pueden ser:

- Infecciones de las meninges en el cerebro (meninge encefalitis); también en el páncreas, ovarios, senos o testículos.
- Si ambos testículos se infectan —lo cual no es frecuente— el paciente puede sufrir de infertilidad.

La recuperación es espontánea (en unos diez días), si no surgen complicaciones. Después de haber contraído las paperas se desarrolla inmunidad de por vida.

¿COMO SE TRATA?

- Siga siempre las instrucciones del médico.
- No es necesario aislar al paciente del resto de la familia, ya que cuando cuando la enfermedad se manifiesta abiertamente, ya ocurrió previamente el contagio.
- Aplique hielo o calor (lo que le permita sentir más alivio) a las glándulas o los testículos inflamados. Utilice siempre botellas de agua caliente, toallitas o bolsas, pero no aplique directamente el hielo a la piel.

Medicamentos indicados:

- Una vez que se manifiestan los síntomas de la enfermedad, es preciso permitir que la misma siga su curso normal. No existen medicamentos capaces de impedir el contagio ni la proliferación del virus.
- Utilice acetaminofén para fiebres o dolores menores, nunca aspirina.
- Su médico también puede prescribirle una serie de medicamentos a base de cortisona, si no hay complicaciones.

¿QUE PUEDE HACER EL NIÑO?

- No es necesario guardar cama; el reposo no reduce las complicaciones que se pudieran presentar como consecuencia de las paperas.
- Permita que el niño haga lo que desee si se siente bien. Una vez que desaparece la inflamación, ya las paperas no son contagiosas.
- Tampoco es necesario seguir una alimentación especial, aunque sí se sugiere no ingerir alimentos que sean difíciles de masticar y tragar.

- La persona enferma de paperas debe ingerir líquidos en abundancia: por lo menos 6 u 8 vasos diarios de agua, tés, sodas, etc. Tenga presente que los zumos de frutas o ácidos aumentan el dolor; evítelos.

5
SINDROME DE REYE

Es una condición que afecta a niños y adolescentes, y ataca el cerebro y otros órganos principales (como los riñones, el hígado y el corazón).

SINTOMAS GENERALES

- Estados de confusión; letargo.
- Cambios frecuentes de temperamento.
- Debilidad y parálisis en un brazo o pierna.
- Dificultad al hablar.
- Períodos de somnolencia... que progresan hasta que el individuo cae en estado de coma.
- Pérdida de la audición.
- Problemas generales de salud.

Los riesgos de contraer la enfermedad aumentan después de una infección viral, así como cuando se emplean aspirinas y se ha sufrido recientemente de alguna enfermedad respiratoria, varicela, o influenza. Los factores genéticos también influyen en el desarrollo de la condición, pudiéndose comprobar que los individuos de la raza negra son menos propensos a presentar esta compleja enfermedad.

¿QUE CAUSA EL SINDROME DE REYE?

- Hasta el presente, se desconocen cuáles son los factores que causan

¿CUANDO DEBE LLAMAR AL MEDICO?

- Llame al médico si el niño presenta algunos de los síntomas de la enfermedad de Reye.
- Si después de la hospitalización resurgen síntomas de la enfermedad (o si la fiebre aumenta a más de 37.8° C).
- Cuando se manifiestan nuevos síntomas, sin explicación alguna para ello.
- Si los medicamentos que se emplean en el tratamiento provocan efectos secundarios.

el síndrome de Reye, aunque se asocia a esta enfermedad con el uso de la aspirina como calmante, durante una infección viral.

- Los niños recién nacidos están protegidos durante varios meses si la madre contrajo la enfermedad en una etapa muy cercana al embarazo (o durante éste).
- Sin embargo, después de 10 ó12 meses, disminuye la inmunidad.

¿COMO SE PREVIENE?

Si el niño tiene fiebre, no le de aspirinas a menos que su médico lo indique. Ahora bien, si se diagnostica una enfermedad de origen viral, nunca le de aspirinas al pequeño.

¿Qué cuidados requiere?

- Seguir las indicaciones del médico y los tratamientos indicados... al pie de la letra.
- En determinadas ocasiones es preciso la hospitalización del paciente, en salas de cuidados intensivos, para medir la presión en el cerebro.
- La enfermedad se diagnostica mediante observaciones propias, la historia clínica, el análisis de laboratorio (como muestras de sangre y análisis del fluido cerebro-espinal).

¿Existen complicaciones?

- Puede sobrevenir un daño irreparable y permanente al cerebro, un estado de coma, o la muerte. Con el tratamiento adecuado, sin embargo, sobrevive hasta el 80% de los pacientes afectados por esta enfermedad. Muchos se recuperan totalmente, aunque en otros casos quedan diferentes grados de daño cerebral.

¿COMO SE TRATA?

Siga siempre las instrucciones médicas. Además, el médico probablemente prescriba:

- Fluidos intravenosos.
- Drogas o medicamentos anticoagulantes, para impedir que se formen coágulos sanguíneos durante el reposo prolongado que se debe observar en la cama.
- Determinados medicamentos (como la dexametasona) para reducir la inflamación bacterial.
- Los antibióticos son prescritos para combatir infecciones bacteriales secundarias que muchas veces se presentan.

¿QUE PUEDE HACER EL NIÑO?

- Observar un período de reposo en cama, hasta que pase la etapa más aguda de la enfermedad. Después —si lo desea— el pequeño puede ver televisión o leer... pero siempre reposando en la cama.

6
FIEBRE ESCARLATINA

Se trata de una enfermedad infantil que se caracteriza por la aparición de una erupción en la piel de tonalidad rojiza brillante. Siempre es precedida por una infección de estreptococos, y se trata de una situación que es altamente contagiosa: afecta la garganta, las amígdalas, y la piel; se presenta en niños y adolescentes, pero las estadísticas muestran que el pequeño es más propenso a padecer de la condición mientras se encuentra entre las edades de 2 y 10 años.

¿CUALES SON LOS SINTOMAS DE LA ENFERMEDAD?

Los síntomas varían de un paciente a otro. Tomando en consideración a un paciente promedio:

Día 1

- Se manifiesta una fiebre hasta de 40 grados centígrados.
- La garganta se enrojece y las amígdalas se inflaman; el dolor de garganta puede ser intenso.
- Las glándulas linfáticas se inflaman en el área del cuello.
- Tos.
- Vómitos.

Día 2

- Aparece una erupción rojiza en el rostro, exceptuando el área alrededor de la boca.

Día 3

- La lengua adquiere una tonalidad rojiza muy intensa.
- La erupción en la piel se expande para cubrir el área del cuello, el tórax, la espalda... y —así— todo el cuerpo.

Día 6

- La erupción comienza a ceder gradualmente.
- Se mudan las capas de la piel.
- Este proceso se prolonga por entre 10 y 14 días (aproximadamente).

¿PUEDE PREVENIRSE LA FIEBRE ESCARLATINA?

La fiebre escarlatina no puede ser prevenida completamente, ya que muchos niños que aparentemente son saludables pueden ser portadores del micro-organismo que la causa. No obstante, las siguientes medidas de prevención pueden resultar efectivas:

- Ante una infección por estreptococos, es conveniente que el médico ordene un tratamiento a base de antibióticos (el mismo debe ser mantenido por unos 10 días).
- Es importante evitar el contaco con aquellas personas que presentan dolores de garganta.

La fiebre escarlatina puede ser diagnosticada por medio de la observación de los síntomas característicos, considerando la historia médica del pequeño (y la de su familia), y mediante análisis de cultivos de las mucosidades de la garganta.

¿QUE CAUSA LA FIEBRE ESCARLATINA?

Una infección por estreptococos que elaboran la toxina que provoca la enfermedad. Es importante enfatizar que no todas las infecciones por estreptococos causan esta condición, ya que no todos los niños son susceptibles a la toxina que provoca la erupción en la piel. En una misma familia, por ejemplo:

- Un niño puede desarrollar la fiebre escarlatina,
- mientras que en otro solamente se manifestará una infección de la garganta por estreptococos.
- Algunos niños simplemente pueden ser portadores del micro-organismo para trasmitirlo a otros, sin que lleguen a enfermarse.

De acuerdo con los estudios estadísticos realizados hasta el presente, los riesgos de que se presente la enfermedad aumentan cuando en la familia hay situaciones de infecciones por estreptococos recurrentes, si las condiciones sanitarias alrededor del niño no son las más adecuadas, y si el pequeño está expuesto a otros niños en lugares públicos.

¿CUAL ES EL TRATAMIENTO PARA LA FIEBRE ESCARLATINA?

- El médico puede prescribir penicilina para acelerar el control de la enfermedad y prevenir las complicaciones que se pueden presentar (fiebre reumática, pérdida de la audición, meningitis, neumonía, encefalitis). Si el niño es alérgico a la penicilina (u otros antibióticos), otros medicamentos (como la eritromicina) también resultan efectivos en la mayoría de los casos.
- Es necesario que el pequeño guarde cama hasta que los síntomas de la enfermedad desaparezcan.
- Las gárgaras de té (tibias o frías) son efectivas para aliviar el dolor de garganta.
- Es recomendable el uso de un humidificador para aliviar la resequedad que se presenta en la garganta.
- Es recomendable, también, la aplicación de compresas calientes en el cuello (donde las glándulas linfáticas se presentan inflamadas).

En todo momento, el niño enfermo con fiebre debe ser aislado (inclusive de sus familiares) para evitar el contagio.

- Con el tratamiento adecuado, la fiebre escarlatina puede ser curada en el término de 10 días.
- La enfermedad ha disminuido considerablemente en su incidencia en los últimos años.
- En raras ocasiones provoca la muerte del paciente.
- Al ser tratada por medio de antibióticos, la posibilidad de que se presenten complicaciones disminuye considerablemente.

Ante una situación de náuseas, vómitos, dolor de oído y de cabeza, dolor en el pecho, y dificultad al respirar, el niño debe ser llevado al médico.

7
MENINGITIS

Se trata de la inflamación de las meninges (las membranas muy delgadas que cubren el cerebro y la médula espinal, y la enfermedad es más frecuente en los niños de menos de 1 año, así como en las personas con más de 60 años, de ambos sexos).

La meningitis puede manifestarse en dos formas diferentes:

1. La llamada **meningitis ascéptica**, que afecta al cerebro y la médula espinal.

- Es causada por diferentes tipos de virus (incluyendo el virus de la poliomielitis).
- También puede ser causada por hongos (incluyendo los de tipo levadura).
- En ocasiones la condición se debe a una respuesta inmunológica del organismo. En este caso casi siempre se presenta después de una enfermedad causada por virus (como la varicela).

2. La **meningitis bacterial**. Afecta al sistema nervioso central.

- Es causada por bacterias que han provocado una infección en los pulmones, en los oídos, o en los senos paranasales. También puede ser activada por una fractura en el cráneo que no sea debidamente tratada, y se presente una infección.

LOS SINTOMAS DE LA MENINGITIS

- Fiebre; escalofríos.
- Dolores de cabeza.
- Irritabilidad.
- Sensibilidad a la luz.
- Rigidez en el cuello.
- Vómitos.
- Confusión.

¿PUEDE SER PREVENIDA LA MENINGITIS?

La meningitis asceptica puede ser prevenida manteniendo al niño inmunizado contra todas las enfermedades para las cuales se han desarrollado vacunas anti-virus.

En la meningitis bacterial:

- Al atender rápidamente cualquier tipo de infección que se le pueda presentar al niño.
- Evitar el contacto con cualquier persona que presente una situación de meningitis. Es más, los niños que —por algún motivo especial— deban tener contacto con un paciente que sufra de meningitis, deben recibir un tratamiento preventivo a base de antibióticos (aun cuando no se hayan manifestado síntomas de la enfermedad).

- Aletargamiento.
- Dolor de garganta.

En el caso específico de la meningitis bacterial:

- Una erupción en la piel de tonalidad rojiza o violácea.
- Dolores de garganta u otras enfermedades respiratorias (generalmente, son éstos los síntomas que preceden al desarrollo de la enfermedad en sí).

Los niños recién nacidos y los bebés de menos de 2 años son los más vulnerables a desarrollar esta infección, así como los adultos de más de 60 años. Igualmente, su incidencia es más frecuente en:

- Niños que presentan un sistema inmunológico debilitado.
- Pacientes que observan una alimentación pobre.

- Pacientes sometidos a tratamientos con medicamentos que afectan la respuesta inmunológica (aquéllos que reciben medicamentos anticancerosos, por ejemplo).

¿CUAL ES EL TRATAMIENTO RECOMENDADO PARA EL CONTROL DE LA MENINGITIS?

El diagnóstico se basa en la observación de los síntomas que se puedan manifestar en el paciente, así como en análisis de laboratorio (comprobaciones del nivel de azúcar en la sangre y examen de cultivos de células de la garganta, la nariz, etc.). Si se sospecha que el paciente puede presentar la meningitis causada por bacterias, es importante hacerle un punción lumbar (una fina aguja es insertada en el área inferior de la columna vertebral —entre dos vértebras— para obtener una muestra del fluido medular, el cual es examinado seguidamente en el laboratorio).

El tratamiento en situaciones de meningitis ascéptica:

- Si es causada por un virus, hasta el presente no se ha identificado un medicamento que realmente resulte efectivo para controlar la condición. Asimismo, una vez que el sistema inmunológico del paciente es fortalecido, el control de la enfermedad es más fácil.
- Si la meningitis ascéptica es causada por un hongo, lo más probable es que el especialista imponga un tratamiento a base de medicamentos fungicidas (amfoterecín B, por ejemplo).
- El pequeño paciente debe guardar cama, en una habitación en penumbras (recordemos que uno de los síntomas de la condición es, precisamente, la sensibilidad a la luz).
- Beber líquidos en abundancia.

En los casos de la meningitis bacterial:

- El especialista recetará antibióticos, dependiendo del tipo de bacteria que esté causando la inflamación de las meninges.
- Reposo, en el hospital (y en una habitación en penumbras) por varios días (determinados por el especialista). Durante esta etapa, lo más probable es que el paciente sea alimentado intravenosamente.
- Ya en el hogar, el pequeño puede alimentarse normalmente (siempre

observando una dieta debidamente balanceada).

- El paciente debe ir reanudando su actividad física en una forma paulatina (a medida que sus fuerzas físicas así lo permitan).

8
INFECCIONES DE LA GARGANTA

La inmensa mayoría de los niños sufren de infecciones frecuentes en la garganta (lo mismo que en los oídos), y muchas veces las mismas no se curan con los tratamientos habituales. En esos casos, es preciso considerar una alternativa más radical: la cirugía. No obstante, usted debe estar informado al respecto, para comprender mejor las sugerencias que pueda hacer el pediatra ante las infecciones recurrentes de la garganta.

Todos, en alguna medida, las hemos sufrido, y casi siempre de pequeños. Y a pesar de las medidas preventivas que los padres toman para proteger a sus hijos de las infecciones en la garganta, año tras año las mismas se manifiestan. Y es que las infecciones en la garganta y los oídos son muy frecuentes en los niños pequeños, y motivo de angustia para infinidad de padres que no saben qué medidas efectivas tomar para proteger la salud de sus hijos.

¿Qué debe hacer usted, si uno de sus hijos sufre de reiteradas infecciones en la garganta? ¿Continuar suministrándole antibióticos —recetados por el médico, desde luego— o tomar la decisión más radical (recurrir a la cirugía), con los riesgos que representa...?

En primer lugar, permítame informarle que en el caso específico de las infecciones en la garganta, éstas ocupan el tercer lugar entre las enfermedades que padecen los niños menores de 15 años (después de las infecciones del oído y el resfriado común). Fiebre, enrojecimiento de la garganta, dolor al tragar, inflamación de las amígdalas (con placas de pus), dolores de estómago, vómitos y erupciones en la piel, son los síntomas que las caracterizan. Y aunque son muchas las bacterias que pueden causar una infección en la garganta, no hay duda de que los estreptococos son los más temidos, porque si no se combaten a tiempo, pueden provocar la fiebre reumática y otras complicaciones que afectarán el corazón, los riñones, e inclusive el cerebro. En estos casos:

EL NIÑO... ¿NECESITA SER OPERADO DE LAS AMIGDALAS?

Los especialistas estiman que la operación de las amígdalas (tonsilectomía o amigdalectomía) debe considerarse como opción si existen los siguientes factores:

- El niño sufre de seis o más infecciones de la garganta durante el término de un año.
- Si las amígdalas del pequeño presentan algún tipo de irregularidad y muestran la tendencia a ser más susceptibles a las bacterias (las infecciones se desarrollan con más frecuencia).
- Si el tejido de las amígdalas o de las adenoides se inflaman en exceso durante una infección, al punto de que estas membranas obstruyen el paso del aire por las vías del pequeño, provocándole dificultad al respirar, ronquidos excesivos, e inclusive impidiéndole conciliar el sueño... hasta cuando no existe infección alguna.

- La penicilina es el antibiótico que por lo general recomiendan los médicos. Sin embargo, a pesar de ser el medicamento que mejores resultados ofrece en el tratamiento de las infecciones en la garganta, después de habérsele suministrado al enfermo, el padecimiento puede repetirse. Así, se ha podido comprobar que más del 15% de los pacientes que son tratados con penicilina, vuelven a sufrir de infecciones en la garganta (si los niños son alérgicos a la penicilina, se emplea entonces otro antibiótico considerado igualmente efectivo: la eritromicina).
- No obstante, si los antibióticos no proporcionan los resultados que se esperan, se recurre entonces a la cirugía para extirpar las amígdalas (tonsilectomía o amigdalectomía). Hasta hace unas décadas, esta operación era casi un rito al que no se le prestaba mayor importancia; un alto porcentaje de niños eran sometidos a la amigdalectomía como medida profiláctica. En la actualidad, muchos conceptos médicos han

¿COMO EVITAR INFECCIONES EN LA GARGANTA DEL NIÑO?

Observe las siguientes medidas:

- En primer lugar, haga que el pequeño se lave las manos con frecuencia, especialmente antes de comer y después de ir al baño. Esta es la medida preventiva más importante contra cualquier tipo de infección. Para lograrlo, establezca una rutina que el niño pueda seguir fácilmente.
- Evite exponer al pequeño al humo de los cigarrillos (humo de segunda mano o humo pasivo), un elemento que —todas las investigaciones científicas realizadas al respecto— indican que in-crementa considerablemente la susceptibilidad del organismo a que se desarrollen infecciones. Considere que el humo del ciga-rrillo irrita las membranas de las vías respiratorias (especialmente en el caso de los bebés y niños más pequeños), y esta condición permite que sean afectadas por elementos patógenos, desarrollando infecciones de diferente tipo.
- Evite la posibilidad de que se produzca el contagio; no permita que la infección pase a otros miembros de la familia. Considere que los estreptococos son micro-organismos altamente contagiosos, al punto de que diferentes investigaciones —llevadas a cabo en años recientes— demuestran que el 64% de los niños afectados por una infección de la garganta causada por estreptococos aún son factores de contagio al día siguiente de haberse iniciado un tratamiento a base de antibióticos.

Por este motivo, el niño afectado por una infección de estreptococos debe permanecer en su casa por lo menos por un período de 24 horas (preferiblemente 48 horas) después de que el tratamiento a base de antibióticos ha sido comenzado, para evitar contagiar a otros pequeños.

COMO EVITAR INFECCIONES EN LA GARGANTA DEL NIÑO
(continuación)

■ A pesar de que los especialistas no se acaban de poner de acuerdo sobre los beneficios que representa la vitamina C para evitar los catarros, el proporcionarle al pequeño las dosis requeridas de vitamina C es una excelente medida preventiva para evitar las infecciones de la garganta y de los oídos.

■ La alimentación del niño debe ser siempre balanceada (con una abundancia de frutas, vegetales, y cereales); es la mejor manera de que el pequeño se mantenga saludable y de estimular debidamente el desarrollo de su sistema inmunológico.

■ ¡Dele el pecho al bebé! Varias investigaciones médicas han demostrado que los niños que son alimentados con leche materna durante cuatro meses (o más) después de su nacimiento, son hasta un 50% menos susceptibles a desarrollar infecciones. Esto se debe a los anticuerpos que reciben en la leche materna.

■ Al alimentar al niño muy pequeño, colóquelo en una posición vertical; es decir, nunca debe permanecer acostado bocarriba ya que la leche puede pasar a las trompas de Eustaquio y afectar el oído.

evolucionado, y es por ello que una mayoría de los especialistas se muestran contrarios a la operación de las amígdalas si no han agotado primeramente otras alternativas. El motivo detrás de esta nueva tendencia —evidentemente más conservadora— es tratar de mantener las amígdalas intactas, porque las mismas forman parte de la membrana protectora de la garganta, que actúa como una especie de barrera contra elementos patógenos; es decir, combatiendo las bacterias, las toxinas, etc. Sin embargo, es importante mencionar que a pesar de estos conceptos, las investigaciones y las estadísticas compiladas demuestran que son pocas las diferencias que se han comprobado en cuanto al número de infecciones de la garganta que padece un niño que mantiene sus amígdalas, y otro que ha sido operado.

Aunque las infecciones de la garganta y los oídos resultan frustrantes —tanto para los padres como para los médicos— es necesario comprender que estos trastornos son parte del desarrollo normal de todos los pequeños. Por este motivo, los especialistas recomiendan a los padres de niños que son propensos a este padecimiento que los mismos sean observados constantemente, y sometidos periódicamente a examen por el especialista.

9 LARINGITIS

Las ronqueras y la pérdida temporal de la voz suelen ocasionar grandes preocupaciones, sobre todo si se presentan en el niño. Muchas personas consideran que estos molestos padecimientos se producen únicamente por el abuso de las cuerdas vocales. Sin embargo, una laringitis (es decir, la inflamación e irritación de la laringe, que es la caja de las cuerdas vocales) puede ser la causa para que estas afecciones se manifiesten. ¿Sabe usted cómo se produce esta condición...?

Comencemos por aclarar que la laringitis no es una enfermedad grave; por lo general la condición puede ser controlada en unos pocos días... siempre que sea tratada debidamente. Sin embargo, muchos padres recurren a remedios caseros para dárselos a sus hijos sin saber que —la mayoría de las veces, según los estudios realizados al respecto— resultan inadecuados. O sea, hay tratamientos que pueden agravar esa inflamación de la laringe y demorar su curación. ¿Motivo...? Algunos irritan mucho más la laringe, y afectan las cuerdas vocales.

ALGUNOS TRATAMIENTOS PUEDEN RESULTAR DAÑINOS...

Comencemos por aclarar dos conceptos erróneos que prevalecen en la mente de muchos padres:

- Por lo general, los niños que sufren de laringitis tratan de modular la voz recurriendo al clásico susurro, considerando que es la forma lógica de evitar la irritación, tanto de las cuerdas vocales como de la propia laringe. Sin embargo, el susurro implica un esfuerzo aún mayor por parte del pequeño paciente y —por lo tanto— no hace más que acentuar los daños.
- Del mismo modo, elevar la voz para sobreponerse al ruido ambiental que apaga las palabras de quienes se encuentran afectados por la laringitis representa otro gran esfuerzo al que son sometidas, innecesariamente, las cuerdas vocales y la laringe. Con ello, no sólo se agudiza más la condición que se ha manifestado, sino que ésta demora más tiempo en sanarse.

No obstante, en realidad el peligro mayor para la salud de quienes sufren de laringitis está en el uso de ciertos medicamentos que se administran para obtener alivio al malestar que ocasiona esta afección. Principalmente, los anti-histamínicos (o medicamentos anti-alérgicos) y los antibióticos que suelen administrarse sin la debida prescripción médica:

- Los anti-histamínicos tienden a secar las secreciones de las vías respiratorias. Por ello, el uso de estas sustancias reseca las flemas que lubrican las cuerdas vocales y, al mismo tiempo, irritan la propia laringe, agudizando la ronquera que es característica de esta condición.
- Por su parte, los antibióticos no logran aliviar (y mucho menos curar) una laringitis. Y la razón es muy sencilla: por lo general, esta afección de la laringe y las cuerdas vocales es causada por determinados

virus... y sobre ellos los antibióticos no ejercen ningún efecto. Por consiguiente, la aplicación de un tratamiento a base de antibióticos, lejos de beneficiar al niño, sólo provoca prolongar aún más el tiempo de curación.

Además, es importante tomar en consideración que el consumo indiscriminado de este tipo de medicamento podría provocar trastornos y daños severos en la salud del pequeño. Desde luego, si el especialista comprueba que la infección que ha provocado la laringitis en el niño es de origen bacterial, inmediatamente recetará antibióticos para controlarla.

¿EL REMEDIO MAS EFECTIVO? ¡DESCANSAR LA VOZ!

Para aliviar las molestias que provoca la laringitis, muchos especialistas recomiendan evitar las gárgaras con enjuagues bucales comerciales, pues la mayoría de estos productos contienen fenol y alcohol (es decir, dos sustancias que tienden a secar excesivamente las cuerdas vocales). No obstante, se pueden preparar otros gargarismos que sí resultan muy efectivos, siempre que sean aplicados debidamente. Por ejemplo:

- Los gargarismos que se hacen con zumo de limón y miel de abejas, logran efectos calmantes y, por lo general, no ocasionan daños a la salud del niño.
- Asimismo, usted puede lograr resultados similares con la aplicación de otras gárgaras. Para su preparación, observe las siguientes recomendaciones: en 1 litro de agua (a temperatura ambiental), diluya 1 cucharadita de sal, y añada 1 cucharadita de bicarbonato de sodio. Mezcle bien estos ingredientes para que se diluyan completamente en el agua, y pídale al niño que haga las gárgaras una o dos veces al día... aunque no se debe abusar de la aplicación, pues el exceso podría provocar efectos irritantes.

También, el consumo abundante de líquidos resulta muy beneficioso en el tratamiento de la laringitis. Mientras más húmedas permanezcan la laringe y las cuerdas vocales, los efectos del esfuerzo que requiere el hablar serán menores. Por ese motivo, los pequeños que sufren de laringitis de-

¿EPINEFRINA...?

La epinefrina (o adrenalina) es una hormona elaborada por el organismo, que al incorporarse al torrente sanguíneo provoca cambios fisiológicos importantes. Una vez en contacto con las cuerdas vocales (que se encuentran irritadas e inflamadas), la epinefrina provoca la contricción de los vasos sanguíneos en el área, disminuyendo de ese modo la inflamación de las cuerdas vocales, la laringe, y los tejidos que la circundan. Pero la aplicación de un tratamiento de este tipo no es usual para la laringitis o la ronquera que se manifiesta en la mayoría de las personas. Por lo general, los especialistas reservan esta terapia para casos especiales, como el de los profesionales que utilizan la voz (cantantes, maestros, y oradores, por ejemplo) que se ven afectados por esta condición y necesitan recuperarse rápidamente.

La epinefrina debe ser recetada únicamente por un especialista en garganta, nariz y oídos (el otorrinolaringólogo), quien aplicará solamente unas gotas directamente en las cuerdas vocales, y en un período muy corto el paciente recupera su timbre de voz normal. Pero su efecto es temporal, y después de 8 ó 10 horas de haber sido aplicada, reaparecen los síntomas de esta condición.

ben beber agua en abundancia (así como otros líquidos) con el propósito de aliviar la inflamación que se ha producido. Asimismo, los especialistas recomiendan el uso de humidificadores ambientales (hoy en día están al alcance de todos los presupuestos), los cuales mantienen un elevado índice de humedad en la habitación donde habitualmente se halla el pequeño paciente.

No obstante, no hay duda de que el reposo de la voz es el factor que más influye en el proceso de curación de la laringitis; un descanso adecuado de la voz proporciona un alivio a la función de las cuerdas vocales y la laringe del niño. Pero, además, hace más efectivo cualquiera de los tratamientos que se apliquen contra esta afección. El reposo de la voz (es decir, pasar varios días sin hablar... o hablar lo menos posible) logra controlar la inflamación de la laringe, hasta que esta molesta condición queda curada definitivamente.

LOS VIRUS SON UNA POSIBLE CAUSA DE LA LARINGITIS

Es muy común que los padres de niños que sufren de ronqueras temporales culpen a los virus catarrales de este tipo de afección. Sin embargo, éstos no son los que causan la irritación de las cuerdas vocales en el pequeño. En realidad, los virus específicos que atacan a ciertas glándulas (como las amígdalas) o los que producen la gripe (o influenza) son los verdaderos responsables de una condición tan molesta como la laringitis.

Cuando la laringe y las cuerdas vocales se hallan sumamente irritadas, los virus apenas encuentran resistencia. Entonces se produce el ataque que culmina, naturalmente, en una laringitis severa. Las causas principales que propician la invasión de estos virus —y, por lo tanto, la manifestación de una laringitis— son las siguientes:

- El abuso de la voz.
- El consumo insuficiente de líquidos.
- El consumo excesivo de alcohol (en los adultos).
- La aplicación de medicamentos irritantes.
- El hábito de fumar; también la exposición al humo de los cigarrillos de fumadores (el *humo de segunda mano).*
- Una bronquitis crónica.
- La presencia de pólipos nasales (crecimientos benignos en la nariz), la cual provoca el goteo constante de mucosidades en la laringe.
- La sinusitis y la rinitis alérgica.
- Por supuesto, también es preciso considerar que el cáncer de la laringe puede ser un factor causante de la ronquera, especialmente en los adultos. Las personas de más de 40 años de edad que sufren de ronquera por más de dos semanas, deben ver inmediatamente al especialista; éste les practicará una laringoscopía (examen de la laringe por medio de un tubo visor) para comprobar si existe el desarrollo de una tumoración cancerosa en el órgano. Si ésta es detectada en sus primeras fases de desarrollo, la situación puede ser completamente controlada... e inclusive curada.

En resumen, la laringitis y las crisis de ronquera en el niño pueden ser evitadas con facilidad. Para lograrlo, basta solamente tener en cuenta las recomendaciones que se han sugerido y evitar de ese modo los factores que provocan esta condición.

CAPITULO 13

ANEMIA: POR SALUDABLE QUE SEA, ¡EL NIÑO ES VULNERABLE A ESTA CONDICION!

Hay etapas en el desarrollo del niño en que éste puede sufrir de una deficiencia de hierro... e inclusive de anemia. En muchos casos, la condición no es detectada por el médico en los análisis de sangre iniciales, por lo cual los mismos deben ser repetidos. Se trata de una situación común... y puede ser corregida fácilmente. ¡Pero es preciso identificarla!

Cuando **María R.** llevó a su hijo al pediatra poco después de su primer cumpleaños, estaba segura de que recibiría un informe positivo por parte del especialista. Después de todo, el pequeño Luis era un niño muy activo y saludable, con mejillas siempre rosadas; había comenzado a caminar temprano y en todos los sentidos podía señalarse como ejemplo de buena salud. Por eso quedó sorprendida (y alarmada, desde luego) cuando el pediatra la llamó para decirle que estaba preocupado por los resultados de los análisis de sangre del pequeño, al punto de que quería repetirlos una semana después. El segundo examen confirmó lo que el médico había sospechado: el niño sufría de una anemia ligera por deficiencia de hierro. Si no era tratada, la condición podía empeorarse y —posiblemente— afectar su crecimiento y futuro desarrollo.

A pesar de que el pediatra le aseguró a María que hasta un niño que ingiere alimentos con suficiente hierro puede llegar a desarrollar una deficiencia del mineral, ella se sentía culpable. Quizás esas comidas que ella había pensado estaban balanceadas, en realidad eran deficientes. Sin embargo, lo cierto es que María estaba siendo muy estricta consigo misma. De acuerdo con las investigaciones médicas llevadas a cabo al respecto:

- Si el niño desarrolla una anemia por deficiencia de hierro, ello no significa que usted —como padre— haya hecho algo mal. El balance de hierro en los bebés y en los niños pequeños es muy precario, y muchos factores pueden inclinar la balanza en la dirección negativa.

De hecho, el pequeño Luis, a la edad de 1 año, se hallaba en lo que las estadísticas muestran que es uno de los períodos de mayor riesgo para el desarrollo de la anemia: de los 6 meses a los 3 años (el otro período crítico es de los 11 a los 14 años de edad). Ambas son etapas asociadas con un rápido crecimiento y con un mayor volumen de sangre, lo cual automáticamente aumenta la necesidad de hierro de cualquier niño.

Pero, ¿son realmente comunes las anemias durante la infancia? ¿Qué consecuencias puede provocar una anemia en el niño? ¿Cómo tratar las deficiencias de hierro, y qué recursos pueden emplearse para reducir los riesgos de nuestros hijos a desarrollarlas...?

¡UNA ANEMIA MODERADA PUEDE PASAR INADVERTIDA HASTA PARA EL PADRE MAS OBSERVADOR!

A pesar de que la mayoría de los padres en la actualidad siguen los nuevos conceptos de la Nutrición, y ofrecen a sus hijos una dieta realmente balanceada (lo cual ha reducido dramáticamente la incidencia de la deficiencia de hierro y de la anemia por deficiencia de hierro en la población infantil), la condición continúa afectando a muchos niños pequeños, lo mismo que a muchas adolescentes y mujeres jóvenes. Los investigadores en el **Centro Nacional de Estadísticas de la Salud** y de los **Centros para el Control y Prevención de Enfermedades** (en los Estados Unidos) recientemente analizaron a unas 25,000 personas comprendidas entre las edades de 1 a 19 años. Los estudios demostraron que:

FACTORES QUE CONTRIBUYEN A QUE SE PRESENTE LA ANEMIA

Además de las características fisiológicas de las diferentes edades y períodos de desarrollo de la infancia, existen otros factores que también pueden incrementar la susceptibilidad de un niño a desarrollar una deficiencia de hierro y una condición de anemia. Por ejemplo:

- **El peso y el ritmo de crecimiento.** El peso corporal influye en las necesidades de hierro que tiene cada bebé. Un bebé prematuro tiene niveles más bajos de hierro almacenado que un bebé que ha nacido en el término normal de nueve meses; por tanto, lo más probable es que el primero requiera suplementos de hierro en gotas durante su primer año de vida.

  De igual forma, un bebé de mayor tamaño, que crece rápidamente, también pudiera necesitar los suplementos de hierro (el especialista es quien así debe decidirlo).

- El 9% de los niños entre los 1 y 2 años de edad presentaban una deficiencia de hierro; el 3% tenía anemia.
- El 9% de las niñas comprendidas entre las edades de 12 a 15 años mostraban una deficiencia de hierro.
- Y hasta el 11% de las niñas entre los 11 y los 19 años de edad también presentaban una deficiencia del mineral.

Un niño puede presentar una deficiencia de hierro sin que por ello sufra de anemia. Sin embargo, si la condición persiste, las reservas de hierro en su cuerpo finalmente se agotarán. Esto resultará en la anemia, una disminución en el volumen de la hemoglobina (que son las células sanguíneas que transportan oxígeno y que le dan a la sangre su color).

- **La capacidad para absorber el hierro de los alimentos.** Los niños también difieren en su capacidad para absorber el hierro que contienen los alimentos; por lo tanto, hasta dos niños con un peso y ritmo de crecimiento similar, que mantengan exactamente la misma dieta, pueden presentar niveles diferentes de hierro en sus cuerpos.
- **Las infecciones recurrentes.** Las enfermedades provocan un impacto adicional sobre los niveles de hierro del organismo. Los niños pequeños sufren por lo general de un número elevado de infecciones, y éstas pueden disminuir el volumen de alimentos que el niño ingiere habitualmente y, con ello, su consumo de hierro. Por otra parte, como las bacterias y los virus necesitan el hierro para sobrevivir, el cuerpo frecuentemente combate las infecciones liberando hierro de la sangre y moviéndolo a las áreas de almacenamiento en el hígado y otros tejidos, hasta que los agentes infecciosos sean destruidos por el sistema inmunológico. Esto significa que un factor tan simple como una infección recurrente del oído, o un catarro común, pueden causar una ligera anemia en un niño. No es de extrañar, pues, que muchos niños que reciben el diagnóstico de que sufren de anemia hayan estado afectados por un catarro tras otro poco antes del diagnóstico.

La **anemia severa** causa síntomas tales como:

- Fatiga.
- Falta de aire.
- Palidez (la piel se vuelve pálida, y las encías y el interior de los párpados frecuentemente adquieren una tonalidad clara).

La **deficiencia de hierro** y la **anemia moderada**, sin embargo, presenta síntomas que no son detectados ni por el padre más observador. Es por este motivo que los pediatras examinan a los niños pequeños entre los 9 y 15 meses de edad, y muchos vuelven a examinarlos otra vez durante la edad pre-escolar y los primeros años de la adolescencia.

EL TRATAMIENTO A SEGUIR...

Afortunadamente, la deficiencia de hierro y la anemia son casi siempre fáciles de curar. Después de unas seis semanas de tomar suplementos de hierro (diariamente), los niveles de este mineral casi siempre comienzan a elevarse a cifras que pueden ser consideradas como normales. Sin embargo, aunque se trata de una situación fácil de solucionar, la rapidez del tratamiento es esencial. Si una deficiencia de hierro es ignorada, el niño puede llegar a presentar problemas en su crecimiento y equilibrio, y hasta en su desarrollo cerebral y en su comportamiento. Estas dificultades muchas veces son permanentes si la anemia es de moderada a severa, pero hasta una ligera deficiencia de hierro puede afectar temporalmente el desarrollo de un niño.

Por ejemplo, los científicos han comprobado que:

- Los niños de 3 a 6 años de edad que presentan una ligera deficiencia de hierro por lo general obtienen resultados más bajos en las pruebas de comportamiento que los niños con niveles de hierro normales. Después de que los niños que presentan esta deficiencia de hierro toman suplementos del mineral por unas doce semanas, sus niveles en las pruebas mejoran marcadamente.

Sin embargo, a pesar de estas repercusiones, no todas las deficiencias de hierro deben ser tratadas con suplementos del mineral de forma inmediata. En el caso de los niños que han pasado por un período de infecciones frecuentes, los bajos niveles de hierro suelen resolverse por sí solos en un período de dos meses. Por ello, si un niño presenta una anemia ligera y ha sufrido una enfermedad durante las dos o tres semanas anteriores, la recomendación de los especialistas es esperar y observar. Este curso de acción es comprensible, dado que los suplementos de hierro constituyen una causa principal de envenenamiento en los niños. Es importante que los padres estén conscientes que las dosis altas del mineral pueden ser fatales, y hasta las llamadas *dosis terapéuticas* pueden causar efectos secundarios (tales como estreñimiento y la decoloración temporal de los dientes).

Como medida de precaución general:

BUENAS FUENTES DE HIERRO...

Comenzando a los 6 meses de edad —y continuando hasta la edad de 10 años— un niño debe ingerir 10 miligramos de hierro al día. Entre las edades de 11 y 18 años, los niños necesitan 12 miligramos diarios; las niñas requieren 15 miligramos.

La dosis de hierro absorbida de esos miligramos varía considerablemente de un niño a otro, pero mientras que usted le sirva a su hijo una variedad de alimentos que contienen hierro, él va a lograr cubrir sus necesidades de este importante mineral.

A continuación le ofrecemos algunas buenas fuentes del mineral y la dosis aproximada de hierro que proporciona cada uno:

- 86 gramos de hígado de res cocinado: 5.3 mg
- Media taza de frijoles rojos cocinados: 2.6 mg
- 85 gramos de picadillo magro cocido: 1.8 mg
- 85 gramos de pollo sin piel al horno: entre 0.88 y 1.1 mg
- Una rodaja de pan de trigo: 1 mg
- Media taza de espinaca cocinada: 0.76 mg

- Los padres deben mantener todas las pastillas y suplementos de hierro fuera del alcance de los niños.

Es más, a no ser que un médico haya prescrito suplementos de hierro, éstos no deben estar en la casa.

¿COMO PODEMOS REDUCIR EL RIESGO DE LA ANEMIA EN EL NIÑO?

Aunque muchos de los factores que contribuyen a la aparición de la anemia están más allá de su control, usted puede asegurarse de que el niño

OTROS TIPOS DE ANEMIA

Muchos tipos de anemia no están relacionadas con la deficiencia de hierro; más bien son trastornos que el pequeño ha heredado de los padres o comunes entre ciertos grupos étnicos que las investigaciones científicas llevadas a cabo a través de los años han permitido identificar. Por ejemplo:

- La llamada *sicklemia* (o anemia drepanocítica), causada por la deformación de los glóbulos rojos, afecta mayormente a las personas de la raza negra.
- La talasemia, la cual resulta de la producción defectuosa de hemoglobina, se manifiesta principalmente en personas procedentes de la región del Mediterráneo o del sudeste de Asia.

En sus formas más severas, las anemias de este tipo son descubiertas muy temprano en la vida del niño, a menudo en un análisis de sangre que se le practica al recién nacido. Sin embargo, hay formas menos severas que pueden encontrarse en toda la población. Tal es el caso de una forma menos seria de talasemia que puede ser detectada en cualquier persona. Como ésta no aparece reflejada en un análisis de sangre de rutina, pudiera no ser detectada hasta la niñez temprana, cuando es a menudo confundida con una deficiencia de hierro. Por eso, si el niño ha recibido el diagnóstico de que sufre de anemia, pero no ha respondido en forma positiva a los suplementos de hierro que se le han suministrado como tratamiento, el pediatra probablemente requerirá unos análisis de sangre más específicos para comprobar si sufre de talasemia menor.

Las únicas implicaciones de esta condición son genéticas. Es decir, que si dos personas con el trastorno conciben un niño, existe un riesgo de que el bebé sufra de una forma aún más severa de la enfermedad.

obtenga suficiente hierro siguiendo estos lineamientos generales:

- Dele el pecho, si es posible. A pesar de que un niño que nace en el término normal de nueve meses tiene buenas reservas de hierro, todavía debe obtener el mineral por medio de su dieta. El hierro de la leche materna es tan fácilmente absorbido que resulta suficiente para los primeros seis meses de vida de un niño saludable. Si dar el pecho no es posible, entonces dele a su bebé un tipo de fórmula fortificada con hierro.
- Cerciórese de que los primeros alimentos sólidos también estén fortificados con hierro. Durante la segunda mitad del primer año de vida —que es precisamente cuando muchos bebés comienzan a ingerir alimentos sólidos— los niños presentan la necesidad de obtener dosis adicionales de hierro.
- No le dé a su hijo leche de vaca antes de su primer cumpleaños. Las proteínas de esta leche son difíciles de digerir por los niños pequeños, y hasta pueden ser lo suficiente irritantes como para causar pequeñas hemorragias intestinales. Aunque esta limitada pérdida de sangre no va a ser visible en el pañal, después de semanas y meses puede tener un efecto negativo; es evidente que una mayor cantidad de hierro está siendo excretado que absorbido.
- Proporcione al niño una dieta rica en hierro. Sin embargo, tenga en cuenta que el niño sólo se beneficiará del hierro que recibe en la alimentación si éste es debidamente absorbido. El hierro que se absorbe más fácilmente proviene de las carnes (incluyendo la carne de res, cerdo, hígado, pollo, pavo... especialmente las carnes oscuras) y del pescado. Las mejores fuentes vegetales de hierro son el trigo y la soya. A pesar de que algunos vegetales contienen hierro, sólo una minúscula cantidad de éste puede ser absorbido, así que las espinacas no se encuentran en un lugar tan alto en la lista de preferencias cuando se trata de proporcionarle al pequeño alimentos ricos en el importante mineral.

  No obstante, tenga en cuenta que usted puede aumentar la absorción del hierro presente en fuentes vegetales si une éstas con otros tipos de alimentos (vea el recuadro que se incluye en este capítulo). Además, no olvide que la clave es la variedad; es decir, si usted alimenta al niño con una dieta balanceada, tendrá muchas más posibilidades de obtener suficiente hierro en los alimentos que ingiere.
- Por último, no hay necesidad de forzar al niño a comer alimentos ri-

4 FORMAS DE ESTIMULAR LA ABSORCION DEL HIERRO

- Sirva carnes y vegetales, juntos. El hierro en la carne incrementa la absorción del hierro que se encuentra en las plantas.
- Una alimentos ricos en vitamina C con aquéllos que contienen hierro. La vitamina C aumenta dramáticamente la absorción de hierro. El zumo de naranjas, por ejemplo, la duplica. Otros alimentos que influyen en este proceso son el zumo de manzanas, la salsa de tomate, los ajíes, la toronja, la papaya, las naranjas, las fresas y otras frutas cítricas.
- No mezcle los suplementos de hierro con la leche de vaca. El calcio en la leche puede inhibir —aunque ligeramente— la absorción del hierro. Sin embargo, no hay necesidad de alejar completamente los alimentos ricos en calcio de los ricos en hierro. Para asegurarse de que el niño obtiene la mayor cantidad de hierro de los suplementos, mézclelos con zumo de naranjas o de manzanas.
- Dele a su hijo los suplementos de hierro por lo menos una hora antes o después de una comida. Los suplementos son mejor absorbidos si el estómago está relativamente vacío.

cos en hierro si él ha sufrido de una deficiencia de hierro en el pasado. El tratamiento para una anemia moderada dura unos pocos meses como máximo, y mientras que el niño ingiera una dieta balanceada, será difícil que una deficiencia recurra. El riesgo continúa disminuyendo a medida que el niño crece. Después de los 3 años, y hasta la edad de 11 ó 12, existe generalmente un balance natural entre la absorción de hierro y los requerimientos del mineral por el organismo. La experiencia del pequeño Luis (el niño cuyo caso fue presentado al principio de este capítulo) fue típica: después de tres meses de tratamiento a base de suplementos de hierro, ya no tuvo necesidad de ellos. Y cuando su sangre fue analizada después de su segundo cumpleaños, sus niveles de hierro resultaron excelentes.

CAPITULO 14

ALERGIA A LOS ALIMENTOS: UNA CONDICION FRECUENTE EN MUCHOS NIÑOS

Millones de padres, ante síntomas específicos, consideran que sus hijos son alérgicos a determinados alimentos. ¿Qué hacen? Basándose en ese diagnóstico de carácter familiar, toman medidas que muchas veces los llevan a suprimir alimentos inofensivos que son fundamentales para el desarrollo del niño. Las estadísticas muestran que aunque la alergia a los alimentos es una condición frecuente —y seria— muchas veces es mal diagnosticada y, por lo tanto, el tratamiento no es el más efectivo. En este capítulo le explicamos todo lo que desea saber sobre esta condición que puede presentársele al niño (y a usted) en cualquier momento.

Como primer punto, es importante estar conscientes de que:

- La alergia a los alimentos es una condición peligrosa que requiere de un diagnóstico especializado y de una atención vigilante de profesionales que estén debidamente calificados.

Aunque los análisis estadísticos demuestren que es muy reducido el porcentaje de la población que padece de este tipo de alergia, se trata de una condición que puede llegar a ser fatal. Por lo tanto, el conocer mejor los alimentos que el niño ingiere, asegurarnos de obtener un diagnóstico de un especialista, y tener siempre a mano los medicamentos necesarios para controlar una reacción alérgica, nos ayudarán a enfrentarnos a cualquier situación de peligro que se pueda presentar.

¿CUANDO SE PRODUCE LA REACCION ALERGICA A LOS ALIMENTOS?

La alergia a los alimentos se produce si el sistema inmunológico del organismo reacciona de manera negativa ante un alimento o a un ingrediente considerado como "saludable" e "inofensivo". Quizás la mejor manera de definir esta condición sea establecer la distinción entre los términos *reacción negativa, intolerancia,* y *alergia a los alimentos.*

Considere que entre las reacciones negativas a los alimentos se hallan la intolerancia y la alergia. A diferencia de la alergia, la intolerancia no tiene relación alguna con el sistema inmunológico. Pudiera tratarse de una reacción en el metabolismo del organismo, una intoxicación, o hasta de una condición como el asma inducida por sulfitos.

En verdad existen dos tipos de alergias:

- **La hipersensibilidad mediada por la inmunoglobulina E (IgE)**, una reacción causada por los anticuerpos que son producidos como respuesta a los antígenos. Cuando una persona alérgica —ya sea niño o adulto— consume ciertos alimentos, el sistema inmunológico, activado por los elementos alergénicos, produce anticuerpos IgE específicos a ese alimento particular, lo cual provoca la reacción alérgica.
- **Hipersensibilidad mediada por células.** Las células inmunológicas muestran una reacción demorada ante un elemento alergénico, como sucede en el caso de la enfermedad celíaca.

¿CUALES SON LOS SINTOMAS DE LA ALERGIA A LOS ALIMENTOS?

Entre los síntomas de la alergia a los alimentos se encuentran:

- Problemas gastrointestinales (náuseas, vómitos, diarreas, y dolores abdominales).
- Irritaciones en la piel (urticaria, angioedema, dermatitis atópica).
- Dificultades en la respiración (rinitis, asma, edema laríngeo).
- Fallos sistémicos ocasionales.
- Anafilaxis.

Esta última reacción, aunque se produce en muy raras ocasiones —casi siempre en la primera hora posterior al consumo del alimento— puede llegar a poner en peligro la vida del niño expuesto al elemento alergénico que activa la reacción alérgica.

En la anafilaxis reaccionan de manera simultánea los sistemas respiratorio y cardiovascular, entre otros. Es muy importante que los padres sean capaces de reconocer los síntomas de una situación anafiláctica (escozor, erupciones en la piel, respiración jadeante, inflamación de los labios y la garganta, vómitos, pérdida de la consciencia e insuficiencia cardiopulmonar) para poder administrar los medicamentos adecuados, inmediatamente. Es por esta razón que quienes padecen de alergia deben llevar consigo sus medicamentos en todo momento (en el hogar, la escuela, la oficina, o en cualquier lugar donde puedan ingerir algún alimento que desencadene una reacción de este tipo). Una evaluación adecuada de los síntomas, y un tratamiento médico inmediato, pueden salvar la vida de niños alérgicos a determinados alimentos.

Las alergias a los alimentos en realidad afectan a un número muy reducido de niños, pero no deja de ser muy importante prevenirlas o retardar su aparición. Evitar la exposición temprana a alimentos potencialmente alergénicos es el primer paso en la prevención de las alergias de este tipo. Mientras más rápidamente se logre identificar las alergias a los alimentos y otras condiciones alérgicas en el pequeño, más pronto es posible tomar las medidas adecuadas de prevención a otros trastornos alérgicos (como pueden ser el asma y la rinitis alérgica, entre otros).

¿CUALES SON LOS SINTOMAS DE LA ALERGIA A LOS ALIMENTOS EN LOS NIÑOS?

En los niños, los síntomas de la alergia a los alimentos incluyen los que relacionamos a continuación:

- Eczemas.
- Erupciones en la piel.
- Respiración jadeante.
- Vómitos.

De acuerdo con las investigaciones que se han llevado a cabo con respecto a la alergia de los niños a los alimentos que ingieren:

- Las más comunes (a la leche y a los huevos, principalmente) tienden a desaparecer entre los 3 y 5 años de edad.
- Sin embargo, las alergias al maní y al pescado se mantienen presentes hasta la edad de 7 años.
- Otros estudios revelan que estas alergias pueden mantenerse vigentes durante toda la vida.

En cuanto a la influencia de los factores genéticos en el desarrollo de las alergias a los alimentos, se considera que:

- Los niños tienen entre un 40% y un 70% de probabilidades de desarrollar alergias a determinados alimentos si ambos padres padecen de esta condición.
- Las probabilidades son aún mayores si ambos padres sufren de la misma alergia (por ejemplo, los dos padres son alérgicos a los mariscos).
- El riesgo disminuye entre un 20% y un 30% si los padres no padecen de alergia alguna.

LOS ALIMENTOS Y EL ASMA

Durante muchos años se ha considerado que algunos alimentos o ingredientes pudieran provocar o agravar los síntomas en los niños asmáticos. Sin embargo, lo cierto es que —desde un punto de vista estrictamente científico— son muy pocos los alimentos que provocan ataques de asma. De hecho, el asma causada por el rechazo a determinados alimentos tiene lugar sólo en menos de un 10% de los niños, y en un 2% de los adultos.

El asma (cuyos síntomas característicos son una respiración jadeante, dificultad al respirar, y tos) es el resultado de una inflamación de los tejidos en los conductos respiratorios de los pulmones, lo cual provoca dificultades en la respiración. Son muchos los factores que pueden desencadenar un ataque de asma:

- Infecciones respiratorias.
- Cambios en las condiciones climáticas.
- El polvo.
- El moho.
- El polen.
- Los animales.

Sólo de manera ocasional:

- Los alimentos.
- Los ejercicios físicos.
- Los elementos irritantes ambientales (como el humo del cigarrillo, los gases de escape de vehículos, el *smog,* etc.).
- Las horas tempranas de la mañana.
- Las emociones.
- Los sulfitos.
- Algunos medicamentos.

Los sulfitos o agentes similares (dióxido de sulfito, bisulfito de sodio, metabisulfito de sodio, metabisulfito de potasio, sulfito de sodio) —que existen en forma natural o que son empleados en el procesamiento de determinados alimentos— también pueden provocar ataques de asma (en niños y adultos por igual). Aquellos agentes utilizados en el procesamiento de los alimentos aparecen enumerados en la etiqueta de todos los productos alimenticios (por ley, en la mayoría de los países). De todas formas, los alimentos que constituyen fuentes comunes de sulfitos son:

- Los vegetales o frutos secos.
- Las papas (algunas empacadas y preparadas).
- El vino y la cerveza.
- El zumo de limón o lima embotellado.
- Los camarones (frescos, congelados o preparados).
- Los alimentos encurtidos.

Como sucede en el caso de otras reacciones alérgicas, la mejor manera de controlar los síntomas, es evitar o eliminar el alimento o agente ambiental responsable.

LOS ALIMENTOS... ¿PROVOCAN DOLORES DE CABEZA?

Los dolores de cabeza que sufren algunos niños continúan siendo un misterio, incluso para los científicos. En términos generales, aún no se ha determinado a ciencia cierta por qué hay alimentos que son capaces de provocar los dolores de cabeza en el pequeño, y por qué los ataques varían tanto en intensidad de un pequeño paciente a otro. Asimismo, existe una desorientación general en la comunidad médica internacional con respecto a la frecuencia de estos ataques, la intensidad de los mismos, y por qué esa intensidad varía a medida que el niño va creciendo.

En la actualidad no se puede precisar con exactitud el porcentaje de dolores de cabeza que están relacionados con los patrones de alimentación infantil. De cualquier forma, entre los posibles responsables —en el caso específico de los adultos, pero que pueden servir de guía para las situaciones infantiles— se encuentran:

- Las bebidas alcohólicas (en especial el vino tinto).
- El queso fermentado.
- Los alimentos encurtidos, en conserva, o marinados.
- Diversos tipos de frijoles.
- Los productos horneados con levadura.

Pero en muchos casos, sin embargo, estos alimentos no constituyen la causa fundamental de los dolores de cabeza; se ha comprobado que los causantes suelen ser factores de comportamiento y no los alimentos ingeridos. Sólo en los casos en los que el paciente muestra una predisposición hacia las migrañas, la ingestión de estos alimentos puede activar un dolor de cabeza. Si no existe esta predisposición, los alimentos ingeridos —sea cual fuere la cantidad— no causarían dolor de cabeza.

¿Cómo se pueden evitar los dolores de cabeza atribuidos a los alimentos que se ingieren?

- Eliminando los factores que generan estrés.

- Realizando ejercicios en forma sistemática (aunque sean moderados).
- Sometiéndose a terapias de relajación.
- Siguiendo estrategias especiales para combatir los dolores de cabeza.

LA IMPORTANCIA DEL DIAGNOSTICO ES VITAL...

Es muy importante que el especialista que trate al niño que desarrolle una alergia hacia determinados alimentos llegue a un diagnóstico correcto con respecto al elemento alergénico que provoca la reacción alérgica del sistema inmunológico del pequeño. Desde luego, también es fundamental que el tratamiento sea el adecuado, y por ello es tan importante que se consulte siempre a un profesional calificado, con la debida experiencia en el tratamiento de situaciones alérgicas. Los padres que auto-diagnostican la condición que afecta a sus hijos, fácilmente pudieran imponerles restricciones innecesarias en su alimentación e, inclusive, hasta poner en peligro la vida.

Para llegar a un diagnóstico preciso:

- El médico inicialmente examinará al pequeño paciente y analizará su historia clínica, tratando de identificar el alimento responsable de la reacción alérgica, la cantidad ingerida, y el tiempo transcurrido desde la ingestión hasta la aparición de los síntomas.
- También se realizarán exámenes de la piel, exámenes radio-alergo-absorbentes (RAST), y análisis de sangre.

¿CUAL ES EL TRATAMIENTO MAS EFECTIVO PARA CONTROLAR LA ALERGIA A LOS ALIMENTOS?

En realidad, el único tratamiento efectivo para evitar la alergia a un alimento determinado en el niño consiste en evitar el alimento que es responsable de los síntomas, y para ello, uno de los pasos importantes es informarse debidamente y leer las etiquetas de todos los alimentos que el pequeño consume e identificar debidamente los ingredientes que incluye.

¿EXISTE UNA ESPERANZA PARA CURAR LA ALERGIA A LOS ALIMENTOS?

En estos momentos se están desarrollando nuevos tratamientos para evitar o suprimir las reacciones alérgicas a los alimentos, a partir de un mayor conocimiento de los elementos alergénicos que pudieran estar presente en los mismos, además de su capacidad para inducir reacciones alérgicas:

- Hoy, la Biotecnología ofrece el potencial de suprimir la producción de las propiedades alergénicas en los alimentos que con más frecuencia provocan reacciones alérgicas (en el niño y en los adultos).
- Además, es posible desarrollar tratamientos más efectivos para combatir la alergia a los alimentos, y se contempla como una meta en un futuro inmediato la posibilidad de una cura. Es importante considerar que mediante la Biotecnología se puede llegar a eliminar de los alimentos que se ingieren habitualmente las proteínas responsables de las reacciones alérgi-

La gravedad o severidad de los efectos de la alergia —una vez que el niño alérgico ingiere un alimento al que es alérgico— depende mucho de las características de cada pequeño, y de las circunstancias del hecho. El tipo de alimento, la cantidad consumida del mismo, y la manera en que fue ingerido es muy importante, así como la edad, el nivel de sensibilidad al alimento desarrollado (que puede ser determinado por el especialista mediante pruebas específicas), y la existencia de otros posibles problemas de salud. Por ejemplo:

- Los padres de niños con antecedentes de reacciones alérgicas (como la anafilaxis) deben aprender cuándo y cómo inyectar al pequeño con epinefrina, y determinar con el especialista si los medicamentos anticas, o desactivar los genes que las producen. Un ejemplo es el caso del arroz, del cual ya se ha desarrollado en Japón una variedad con menores cantidades de elementos alergénicos, lo cual permite que el producto pueda ser consumido por un mayor número de personas, sin el peligro de que manifiesten una reacción alérgica.

- También ya se ha identificado la tropomiosina, que es la proteína responsable de las reacciones alérgicas ante los camarones y otros mariscos. Esto permitirá, sin duda, en el futuro desarrollar nuevos tratamientos para eliminar la sensibilidad de las personas a los mariscos y crustáceos.
- Otros tratamientos científicos en desarrollo para controlar la alergia a los alimentos incluyen la alteración de células B reactivas al IgE, y la creación de vacunas de células T (para suprimir la producción de anticuerpos IgE).

No obstante, la realidad es que hasta el presente no existen medicamentos reaalmente efectivos que puedan modificar el curso a largo plazo de una alergia, aunque sí es posible contrarrestar con ellos los síntomas de la alergia a determinado alimento. La observación constante de las reacciones del niño ante los alimentos es fundamental para prevenir estas situaciones alérgicas.

histamínicos pudieran ser un tratamiento adecuado.

- Después de que el especialista confirme la existencia de una alergia a un alimento, el único tratamiento efectivo comprobado es evitar el alimento en cuestión.

No obstante, la solución para controlar la alergia a determinados alimentos en el niño no es tan sencilla como pudiera parecer. En el caso de la alergia infantil a la leche, por ejemplo, evitar el consumo de leche (y de productos lácteos en general) puede limitar significativamente los beneficios que la nutrición produce al pequeño. Además, reduce en buena medida los niveles de consumo de calcio, lo cual constituye un factor para que se desarrollen otros problemas de salud infantiles.

CAPITULO 15

ASMA INFANTIL: ¡CADA DIA ES MAYOR EL NUMERO DE NIÑOS QUE LA PADECEN!

A pesar de los muchos estragos que el asma causa en los niños, no siempre los padres le prestan la debida atención a los síntomas de esta condición... y esto puede complicar una situación que fácilmente podría ser controlada. En este capítulo le ofrecemos toda la información necesaria para enfrentarse debidamente al asma infantil.

Según los informes más recientes de la **Organización Mundial de la Salud (OMS)**, los casos de asma entre los niños están multiplicándose rápidamente. Las estadísticas son francamente alarmantes:

- En 1982, por ejemplo, 40 de cada 1,000 niños sufrían de asma.
- Solamente una década después, en 1992, la cifra se había elevado a más de 63 asmáticos por cada 1,000 niños.
- En la actualidad, la **Asociación Pulmonar de los Estados Unidos** estima que —solamente en ese país— 4.8 millones de niños norteamericanos menores de 18 años son asmáticos, cifra que convierte el asma en la principal enfermedad crónica de la infancia.

El número de hospitalizaciones a causa del asma también se ha incrementado considerablemente, sobre todo en los niños de 4 años (o menos):

- En 1982, la tasa de hospitalizaciones como consecuencia del asma, para los niños menores de 1 año, era aproximadamente de 33 por cada 10,000 hospitalizaciones.
- En 1992 la tasa se había duplicado, llegando a alcanzar las 67 hospitalizaciones por cada 10,000.
- Y en el caso específico de los niños comprendidos en las edades de 1 a 4 años, la tasa se elevó de 39 por cada 10,000 (en 1982) a casi 60 por cada 10,000 (en 1992).

Sin embargo, a pesar de que es evidente que el riesgo de un niño a desarrollar asma está elevándose más y más cada año, muchos padres —e incluso muchos médicos— siguen ignorando el peligro que esta enfermedad puede representar para sus hijos, quizás porque —aunque el asma puede ser fatal si no es tratada debidamente— las muertes por asma entre los niños son relativamente raras. De acuerdo con las cifras más recientes compiladas por el **Centro Nacional de Estadísticas de la Salud en los Estados Unidos**:

- La muerte de niños menores de 4 años representan menos del 1% de todas las muertes que se producen por asma cada año.

Pero, ¿qué es realmente el asma? ¿Qué factores han provocado este dramático incremento de la enfermedad en los niños? ¿Cómo podemos prevenir que nuestros hijos sufran de asma, o cómo podemos reducir la frecuencia y severidad de sus ataques?

¡EL ASMA ES UNA ENFERMEDAD QUE PUEDE SER DESENCADENADA POR MUCHOS FACTORES!

El asma es una enfermedad obstructiva pulmonar crónica, con ataques recurrentes, que se caracteriza por la inflamación de las vías respiratorias del cuerpo. Sus síntomas incluyen:

- Opresión en el pecho; dificultad al respirar.

- Respiración dificultosa; jadeo.
- Falta de aire.
- Tos persistente y seca, especialmente durante la noche o después de haber realizado alguna actividad física.

Durante un ataque de asma:

- Los pequeños músculos que rodean los tubos bronquiales sufren un espasmo (el término médico es *bronco-espasmo),* lo cual provoca que éstos se estrechen.
- La membrana mucosa que reviste los bronquios se inflama y segrega un líquido espeso y pegajoso que hace que el paso del aire sea aún más difícil.

Una crisis de asma puede ser activada por una amplia variedad de factores, entre los que se incluyen desde virus y elementos contaminantes en el medio ambiente, hasta el pelo de los gatos y otras mascotas. En el caso particular de los niños de 3 años (o menos), el asma es usualmente desatada por una infección respiratoria, casi siempre provocada por un virus. Un estudio realizado recientemente por el **Hospital Pediátrico de Pittsburgh** (en Pennsylvania, Estados Unidos), se comprobó que:

- Entre 1,874 pequeños pacientes asmáticos que visitaron la sala de emergencia de ese centro médico debido a ataques de asma, en el 85% de los casos un virus era el factor causante de la crisis.
- La mayor parte de los niños asmáticos que fueron vistos por los especialistas durante ese período (alrededor del 66%) tenían 3 años de edad (o menos).

LAS ALERGIAS DESEMPEÑAN UN PAPEL DECISIVO EN UNA CRISIS ASMATICA...

Aunque los médicos hoy saben exactamente cómo se desencadena un ataque de asma, y el proceso que se manifiesta en el enfermo mientras el mismo está tomando lugar, aún no tienen la certeza con respecto a por qué algunos niños desarrollan asma y otros no. Sin embargo, existe una sólida evidencia científica que sugiere que en la aparición del asma hay una tendencia genética que está relacionada con las alergias. Se ha comprobado, por ejemplo, que:

- Las alergias que se presentan repetidamente entre los miembros de una misma familia (como la fiebre del heno, entre otras) contribuyen enormemente al desarrollo del asma.
- Los estudios estadísticos muestran, asimismo, que hasta el 90% de los niños asmáticos sufren de alergias.

Algunos especialistas consideran que las alergias (o la sensibilidad a una gran variedad de contaminantes que se encuentran en suspensión en el ambiente) pueden ser las principales responsables del reciente incremento experimentado en el número de casos de asma en los niños. Cuando esos contaminantes ambientales (como los gases emitidos por los automóviles y fábricas) interactúan con la luz solar, experimentan una serie compleja de reacciones químicas que terminan formando una capa de elementos químicos llamada *smog*. El **Centro para el Control de Enfermedades de los Estados Unidos** estima, por ejemplo, que el 25% de los niños en ese país viven en áreas afectadas por el *smog*.

- El inhalar esta mezcla de elementos químicos y hollín provoca un gran esfuerzo respiratorio y una disminución en la capacidad de funcionamiento de los pulmones del ser humano (mucho más en el caso de los niños). Su efecto sobre el asma es tan fuerte que las estadísticas revelan que en los días en que los niveles de *smog* son altos, se produce hasta un 28% más de visitas a las salas de emergencias de los hospitales que en los días en que los que los índices de *smog* son más bajos.
- Los especialistas también han comprobado que respirar aire contaminado provoca cambios físicos en las células que revisten las vías respiratorias. Las terminaciones nerviosas de estas células no están diseñadas para ser expuestas a estos elementos químicos, los cuales las lastiman y afectan. Algunos expertos han comparado el efecto que tiene el *smog* sobre las células respiratorias con el efecto que produciría frotar el codo con papel áspero. Esta reacción por sí misma puede causar asma o puede —sencillamente— predisponer a la persona a desarrollar el trastorno, al provocar que los pulmones se vuelvan más sensibles a otros elementos irritantes.
- Finalmente, por lo general se estima que los riesgos del *smog* son más

elevados en las áreas urbanas con problemas de contaminación ambiental. No obstante, las áreas rurales o suburbanas que se encuentran en la misma dirección del viento que proviene de esas grandes ciudades, son igualmente peligrosas, ya que los vientos transportan los contaminantes por largas distancias.

¡LOS FACTORES CAUSANTES DEL ASMA SE ESCONDEN EN NUESTRAS CASAS!

Pero además de la contaminación del aire, muchos otros factores contribuyen a que el número de casos de asma en los niños sea cada día mayor, y en el propio interior de nuestras casas pudieran estar presentes algunos de ellos. Muchos especialistas estiman que los elementos alergénicos (es decir, los que desencadenan ataques de asma) que se hallan en los hogares son activadores de la enfermedad aún más potentes que la propia contaminación ambiental. Y nadie puede dudar que, por lo general, las casas de hoy, más eficientes en cuanto al consumo de energía, tienen una ventilación más limitada y una grado de humedad más alto, dos condiciones que pueden incrementar la exposición de un niño a los elementos alergénicos que desencadenan crisis asmáticas.

Entre los principales elementos alergénicos que pueden ser encontrados en nuestros hogares se destacan:

- Los ácaros del polvo, unos insectos muy pequeños (similares a las arañas), parásitos del hombre y de los animales domésticos, cuya materia fecal causa diversos tipos de irritaciones cutáneas y otras reacciones alérgicas.
- Las mascotas.
- Las cucarachas.
- El moho.

Los ácaros del polvo constituyen, probablemente, el factor de mayor riesgo. Un estudio realizado recientemente en Inglaterra muestra que:

- Los niños que tienen una predisposición genética a las alergias, y que son expuestos a concentraciones elevadas de ácaros del polvo durante sus primeros años de vida, son casi cinco veces más propensos que los demás a desarrollar el asma.

Estos insectos microscópicos proliferan en condiciones de alta humedad y poca luz, y viven en las alfombras, los colchones, y hasta en los animales de peluche. Si un niño que es alérgico a estos insectos los inhala, fácilmente pueden desarrollar asma.

- Los animales que tenemos como mascotas también pueden constituir una amenaza. La **OMS** estima que aproximadamente un 5% de la población mundial es alérgica a los pelos de los gatos, y aunque muchas de ellas no sufren de asma, los elementos alergénicos en el pelo de los gatos constituyen un factor potencial que puede desarrollar una crisis asmática en cualquier momento. Las alergias a los perros también pueden contribuir al asma.
- Después de los ácaros del polvo y los pelos de los animales, el tercer elemento alergénico más común en el hogar son las cucarachas.
- Finalmente, el humo de segunda mano (el que liberan los fumadores) es también un factor capaz de provocar ataques asmáticos. Los especialistas consideran que los bebés que crecen en casas donde hay fumadores tienen dos veces más posibilidades de desarrollar asma. Asimismo, algunos estudios hasta sugieren que un feto expuesto a humo pasivo está en peligro de sufrir de asma durante sus primeros años de vida.

EL DIAGNOSTICO DEL ASMA PUEDE SER DIFICIL...

Solamente entre el 30% y el 50% de los niños que visitan la salas de emergencias de los hospitales debido a dificultades respiratorias realmente desarrollan asma; sin embargo, como los síntomas de esta condición a menudo son similares a los de otras enfermedades menos serias, existe la posibilidad de que muchos niños no reciban inicialmente el diagnóstico preciso y que no sean tratados de la manera adecuada. Con frecuencia hasta los pediatras más experimentados confunden los síntomas preliminares del asma con un catarro fuerte.

Y, en efecto, algunas veces los síntomas de un niño asmático pueden ser muy vagos. Por ejemplo, en lugar de sentir una opresión en el pecho, o escuchársele una respiración jadeante, el pequeño sólo podría manifestar una tos nocturna persistente (crónica) o experimentar una falta de aire sólo cuando realiza una actividad física intensa (correr, por ejemplo).

Para determinar lo que está ocurriendo:

- El médico puede realizar una prueba de flujo máximo de aire. Durante el procedimiento, el niño soplará fuertemente y rápidamente dentro de un tubo que está conectado a un dispositivo especial que mide la intensidad del soplo. Si su capacidad para soplar es menor que la que debería tener, ésta puede ser una clara señal de que sus bronquios se hallan cerrados. El médico entonces le proporcionará algún medicamento para el asma, y si su flujo máximo de aire vuelve a ser normal después de tomarlo, lo más probable es que el niño sí presente una condición asmática.
- De vez en cuando un niño que parece estar experimentando un ataque de asma pudiera realmente estar sufriendo de neumonía, o pudiera estar respirando en forma ruidosa y jadeante simplemente porque se ha tragado un objeto extraño (un maní o un botón, por ejemplo), o porque tiene una obstrucción congénita en un bronquio, o porque sufre de fibrosis cística. Es por ello que el pediatra pudiera decidir realizar otros exámenes adicionales para descartar estas otras posibilidades.
- Si el pediatra o alergista sospechan que una alergia es lo que está provocando la respiración dificultosa del niño, debe realizarse una prueba de alergias para tratar de puntualizar cuál es el elemento alergénico culpable. El médico hará pequeños rasguños en los brazos o en la espalda del pequeño, y colocará una gota muy pura de un elemento alergénico en cada rasguño: pelos de animales, ácaros del polvo, etc. Si el niño en realidad resulta ser alérgico a una sustancia en particular, desarrollará (en el sitio donde el elemento alergénico fue introducido) una reacción similar a un salpullido.

Pero aunque las pruebas de alergias son útiles y valiosas, los padres deben estar siempre conscientes de que un resultado negativo no es siempre

4 MEDIDAS PARA REFORZAR LA MORAL DEL NIÑO QUE PADECE DE ASMA...

- Es importante que el niño se mantenga físicamente activo (preferiblemente realizando algún tipo de ejercicio aeróbico... como correr, nadar, practicar el ciclismo, etc.) para fortalecer sus pulmones y su organismo en general.
- En ningún momento debe ser tratado por sus padres como un niño enfermizo; esto podría provocar graves traumas sicológicos en el pequeño una vez que vaya madurando y haciéndose consciente de la situación que lo está afectando.
- Para lograr que sus hermanos contribuyan a mantener su confianza en sí mismo, haga que lo ayuden a recordarle cuáles medicinas debe tomar el niño afectado, y a qué horas. Esta manera de colaborar con el enfermo de asma lo hará sentirse igual a los demás y evitará el desarrollo de los peligrosos complejos de inferioridad.
- Si es posible, en las vacaciones, es conveniente que el niño asmático se traslade a un lugar donde el medio ambiente no esté contaminado, y pueda ser considerado libre de elementos alergénicos. Por ejemplo, el campo o una playa. Esto le brindará al pequeño la oportunidad de respirar un aire más puro y vivir más saludablemente que en cualquier ciudad contaminada por el humo de vehículos motorizados y de industrias contaminantes.

Siguiendo estas medidas, el niño asmático podrá aprovechar las muchas ventajas que ofrecen hoy los nuevos procedimientos para prevenir el ataque asmático... ¡o para aliviarlo con mayor rapidez, una vez que se desencadene!

SINTOMAS DE LA AMENAZA DE UN ATAQUE ASMATICO

- Una especie de carraspeo en la garganta, provocado por ardor o escozor.
- El sonido chirriante en la respiración.
- Cierto grado de jadeo.
- Lentitud al exhalar el aire que suele quedar retenido en los pulmones durante el ataque.
- Respiración agitada.
- El tórax, el vientre y el cuello se retraen debido al esfuerzo muscular que tiene que hacer la víctima para aspirar el aire.

En el caso de que el rostro o las manos del niño comiencen a mostrar un tono violáceo, llévelo inmediatamente a un centro de emergencias porque ésa es una señal sumamente peligrosa; indica la presencia de un ataque muy intenso.

garantía absoluta de que el niño no sufre de una alergia. Muchas personas presumen que una alergia se desarrolla desde la primera vez que nos exponemos a la sustancia ofensiva; sin embargo, esto no siempre es cierto. Es posible que se necesiten exposiciones repetidas al elemento alergénico para que se desate una reacción alérgica, lo cual puede también ayudar a explicar por qué las alergias son más comunes en los niños mayores. Es decir:

- Un pequeño asmático que vive en una casa libre de mascotas pudiera no ser alérgico a los perros y a los gatos en las pruebas de alergia a las que sea sometido; sobre la base de estos resultados, la familia pudiera adquirir una mascota, pero poco tiempo después —justamente cuando el animal y el niño hayan establecido ya un nexo especial— el niño puede comenzar a manifestar síntomas de respiración jadeante durante su contacto con los animales.

¿PUEDE UN NIÑO CON ASMA LLEVAR UNA VIDA NORMAL?

Esta es la pregunta que con más frecuencia se hacen los padres de un niño que sufre de asma. Es natural que un niño asmático y su familia resientan el padecer de una condición que crea tantos inconvenientes y que interfiere con los placeres más elementales de la vida. Es natural, también, no desear tomar medicamentos diariamente e incomodarse ante el cuidado diario que requieren muchas veces los equipos utilizados en el tratamiento del asma. Pero cuando el no prestar la debida atención al pequeño asmático desata un ataque severo, el temor, la culpa y el resentimiento que le siguen al episodio de crisis asmática también pueden ser abrumadores.

Aunque es evidente que los padres deben velar por los medicamentos y las normas diarias de cuidado que requiere el tratamiento del asma en el niño, y aunque igualmente deben esforzarse para que el pequeño evite tantos elementos alergénicos como sea posible, no permitir que el niño lleve una vida normal y se ejercite normalmente sería un actitud equivocada que inclusive podría provocar efectos emocionales negativos en el pequeño:

- Un niño con asma puede —por lo general— participar en cualquier actividad física que desee, aunque ocasionalmente pudiera necesitar tomar alguna medicina que prevenga un ataque antes de empezar a jugar.

La natación es, casi siempre, un excelente ejercicio para que practiquen los niños que sufren de asma (muchos nadadores olímpicos sufren de asma) porque el aire tibio y húmedo que prevalece en el área de las piscinas favorece la salud del enfermo.

Los padres que aceptan con una actitud positiva los inconvenientes de la enfermedad de sus hijos y les permiten llevar una vida total, sin mayores restricciones, logran de alguna forma hacer que el asma deje de ser un asunto personal y se convierta en una cuestión de toda la familia, en una rutina de todos los días que si bien crea pequeños inconvenientes, en ninguna forma impide disfrutar de las actividades diarias. Tenga presente que una condición como el asma no es divertida, pero tampoco tiene que convertirse en una limitación radical en el estilo de vida del pequeño. Los padres que logran ver el asma de esta forma están realmente ayudando al niño asmático a vivir normalmente.

ESTRATEGIAS ANTI-ASMATICAS

Tomar las siguientes medidas —especialmente durante los primeros seis meses de vida del bebé— puede reducir significativamente el riesgo de su hijo a desarrollar asma:

- Proteja a su bebé contra los virus que puedan afectar sus vías respiratorias, especialmente si se trata de un bebé que haya nacido prematuramente. Un bebé que ha sufrido una infección respiratoria viral puede experimentar episodios de respiración jadeante, que pueden o no ser superados a medida que crezca, aun cuando no presente ningún antecedente familiar de asma o alergias.
- Si el bebé debe ser llevado a una guardería, prefiera que en la misma hayan pocos niños; evite las guarderías congestionadas, donde las posibilidades de contagio con enfermedades respiratorias son mayores.
- Asimismo, minimice la exposición del niño (sobre todo hasta la edad de 3 años) a elementos alergénicos como el polvo, los pelos de los animales, y las cucarachas. Después de los 3 años de edad, puede considerarse que su sistema inmunológico se halla completamente desarrollado.
- Alimente a su bebé exclusivamente con leche materna, aunque sea durante los primeros cuatro meses de vida. De esta forma se incrementa considerablemente su resistencia inmunológica.
- Evite fumar y exponerse al humo de segunda mano desde el mismo momento del embarazo.

Si en la familia existen antecedentes de asma o alergias —o si ya el niño ha recibido el diagnóstico de que padece de asma— las siguientes medidas también deberán ser tomadas para reducir los riesgos de que se presente una crisis asmática:

- Pase la aspiradora por la casa frecuentemente; esto minimizará la irritación que pueden causar los ácaros del polvo o los pelos de los animales. Mantenga al niño fuera de la habitación mientras usted esté pasando la aspiradora y por lo menos durante una hora después. De esta manera se tiene la certeza de que la mayor parte de los elementos alergénicos han sido eliminados.

- Mantenga las mascotas lejos de la habitación de dormir del niño; también lejos de su habitación mientras esté embarazada. Si las mascotas se mantienen dentro de la casa, báñelas todas las semanas.
- Mantenga su casa —especialmente la habitación que ocupa el bebé— tan libre de polvo como le sea posible. Elimine las alfombras (especialmente si están sobre concreto); forre el colchón y las almohadas de la cuna del bebé con un cubierta plástica que cierre herméticamente (con cremallera); lave la ropa de cama semanalmente, y siempre en agua caliente.
- Asegúrese de que los juguetes de peluche que adquiera para el bebé puedan ser fácilmente lavados y estén fabricados con materiales sintéticos.
- Use un deshumidificador en las áreas más húmedas de la casa (hoy estos aparatos están al alcance de todos los presupuestos). Recuerde que los ácaros del polvo proliferan en la humedad. Limpie el deshumidificador aunque sea una vez al mes.
- Almacene debidamente los alimentos. Selle todas las ranuras y lugares donde las cucarachas —que constituyen un elemento alergénico de primera categoría— puedan esconderse.
- Evite usar perfumes y fragancias de todo tipo.
- Asegúrese de que la cocina y el baño se mantengan siempre bien limpios. Lave las superficies de los mostradores semanalmente (con cloro) para prevenir el desarrollo de moho.
- Adquiera un purificador de aire, idealmente uno mecánico con un filtro de alta calidad industrial. También estos aparatos se encuentran hoy al alcance de todos los presupuestos.

LOS AVANCES OBTENIDOS EN EL TRATAMIENTO DEL ASMA MEJORAN LA CALIDAD DE VIDA DE MUCHOS NIÑOS

Durante muchos años, el tratamiento del asma se concentró en tratar de dilatar los bronquios del enfermo y aliviar el bronco-espasmo. Esta estrategia todavía sigue siendo útil en el caso de los niños que sufren de un

ANATOMIA DE UN ATAQUE DE ASMA

- Cada vez que el ser humano inhala, el diafragma se contrae impulsando el aire hacia los pulmones.
- El aire hace su recorrido por la tráquea y hacia los pulmones a través de dos tubos bronquiales.
- Entonces el aire llega a unos pasajes más pequeños (llamados *bronquiolos),* donde unas estructuras en forma de uvas (llamadas *alveolos pulmonares),* envían el oxígeno hacia el torrente sanguíneo y extraen el dióxido de carbono.
- Cuando el diafragma se expande, el dióxido de carbono es expulsado.

Este proceso queda interrumpido si un niño que padece de asma se expone a un elemento alergénico. Si esto ocurre, los músculos de alrededor de los bronquios experimentan un espasmo, provocando que se estrechen. Su revestimiento entonces se inflama y segrega un líquido espeso que obstruye los pasajes de aire y hace más difícil la respiración.

asma ligera, los cuales experimentan ataques ocasionales. En el caso de los niños que presentan ataques severos y frecuentes, esto no es suficiente. No obstante, los avances alcanzados en el tratamiento de la inflamación bronquial han mejorado considerablemente la calidad de vida de los niños asmáticos. Como resultado, estos pequeños pacientes pueden ahora dormir toda la noche sin toser, no faltan tanto a la escuela, y les es posible participar —e incluso destacarse— en actividades atléticas. Es más, muchos de ellos no sufren de las crisis asmáticas con la frecuencia de antes.

- Un ataque de asma de menor intensidad no dura tanto tiempo como para causar que los bronquios se inflamen. Por esta razón, los niños que padecen de esta forma de la enfermedad sólo necesitan ser tratados con un medicamento broncodilatador, el cual relaja los músculos pequeños que rodean los bronquios.

- Sin embargo, un niño con la forma severa de asma necesita tomar dos tipos de medicamentos: un broncodilatador y un anti-inflamatorio. Algunos anti-inflamatorios son tomados solamente durante el ataque de asma, pero otros deben ser tomados regularmente. Por ejemplo, como el cromolino de sodio puede prevenir que se desencadene un ataque de asma, éste es un anti-inflamatorio que debe ser tomado diariamente, aunque no ofrece ayuda alguna una vez que se presenta la crisis asmática. Los medicamentos corticosteroides, en cambio, pueden ayudar tanto a prevenir como a controlar un ataque de asma.

Aunque los medicamentos anti-asmáticos pueden ser tomados oralmente, inhalados en forma de polvo, o inyectados, la mayoría de los médicos prefiere administrarlos en forma de inhalaciones. Como el medicamento inhalado llega directamente a los pulmones y se incorpora limitadamente a la sangre, causa menos efectos secundarios. Para la inhalación del medicamento:

- Un niño menor de 3 años inevitablemente necesitará usar una máquina especial (llamada *nebulizador),* la cual convierte la medicina líquida en partículas muy finas con la ayuda del ultrasonido. El medicamento es liberado a través de un tubo y el niño lo inhala por una máscara o una pieza que se coloca en la boca.
- En el caso de un niño mayor, puede usar un nebulizador o un inhalador de mano con dosis medidas. El inhalador transporta una dosis del medicamento a los pulmones, usualmente presionando un botón. Este método, sin embargo, puede no ser confiable: si el niño no coopera, o no aprieta el botón e inhala de una manera coordinada, la mayor parte del medicamento se quedará en la garganta. Un dispositivo llamado *espaciador* —que es anexado usualmente al inhalador— puede resolver este problema.

  Es especialmente importante para el niño que debe inhalar un medicamento corticosteroide usar un espaciador. Si el medicamento se aloja en la garganta, éste pudiera desatar una infección de moniliasis en la boca. La medicación puede también incorporarse a la sangre, provocando que el niño desarrolle temblores o palpitaciones.

CAPITULO 16

ESE DOLOR EN EL BAJO VIENTRE... ¿SERA APENDICITIS?

La apendicitis (una inflamación aguda del apéndice vermiforme) es una condición que se presenta con mucha frecuencia en los niños; en todo momento debe ser considerada como una situación grave. Además —a pesar de sus síntomas definidos, los cuales pueden variar de un paciente a otro— no siempre es posible que el especialista la diagnostique inmediatamente... lo cual complica la situación. ¿Qué pueden hacer los padres en estos casos?

Para cualquier cirujano, la apendicectomía (la extirpación del apéndice vermiforme) es una de las operaciones quirúrgicas más sencillas que pueden practicar... siempre que el paciente que presente el cuadro de apendicitis reciba el diagnóstico correcto y llegue a tiempo al quirófano. En ocasiones, la gravedad de esta condición es extrema:

- En los casos en que se presenta un absceso o la llamada *peritonitis* (es decir, la inflamación del revestimiento de la cavidad abdominal, causada por la perforación del apéndice, permitiendo que su contenido de pus pase al abdomen)... en algunas oportunidades la situación puede ser mortal.

Es por ello tan importante que se puedan detectar rápidamente los síntomas de la condición, para evitar crisis peligrosas que pueden desarrollarse en cuestión de horas.

CUANDO EL APENDICE SE ENFERMA...

Se estima que 1 de cada 500 personas pueden desarrollar una inflamación del apéndice vermicular todos los años:

- La condición afecta a personas de ambos sexos.
- Se considera que es en extremo rara en niños menores de 2 años.
- Por lo general se presenta en individuos que se hallan entre las edades consideradas críticas: entre los 15 y los 24 años (aunque también la inflamación se puede producir en personas de más edad, lo cual casi siempre hace más compleja la situación, especialmente porque el diagnóstico es más complejo, así como por las complicaciones que se pueden presentar).

Cuando el apéndice se inflama, sobreviene lo que todos conocemos como un ataque de apendicitis (o ataque apendicular). Esta es una condición muy común, y en la inmensa mayoría de los casos, el paciente logra recuperarse de la misma por medio de una intervención quirúrgica muy sencilla que se considera —según la **Organización Mundial de la Salud**— que es uno de los procedimientos quirúrgicos más practicados a nivel mundial.

Es sumamente importante prestar especial atención a cualquier dolor abdominal que se pueda manifestar. La apendicitis puede revelar sus primeros síntomas mediante un dolor ligero que se presenta en la boca del estómago (en el llamado *epigastrio,* que es la zona superior y media del abdomen). Normalmente, sin embargo, este tipo de dolor no es —en general— un motivo de preocupación mayor para muchas personas, ya que el mismo puede obedecer a factores menores, y en muchos casos se trata de un síntoma pasajero que hasta llega a desaparecer sin la necesidad de que se tome medicamento alguno.

No obstante, cuando se trata de la inflamación del apéndice vermiforme (una situación ya declarada de apendicitis), el caso es realmente crítico...

y con frecuencia, mortal. Es por esta razón que, ante cualquier dolor que se manifieste en la zona abdominal, es necesario ver al médico cuanto antes para que éste investigue y elimine la posibilidad de que se trate de una inflamación del apéndice vermiforme; si en efecto es éste el factor que está provocando los síntomas, la intervención quirúrgica debe ser inminente.

¿Cuáles son los síntomas de la apendicitis?

- Dolores en el área del ombligo, los cuales se reflejan en la zona inferior derecha del abdomen.
- Este dolor se vuelve persistente a medida que transcurre el tiempo y el área que afecta se va definiendo con mayor precisión. Asimismo, el dolor se hace más intenso con los movimientos, al respirar profundamente, al toser o estornudar, y caminar. Inclusive, el área afectada desarrolla hipersensibilidad al tacto.
- Náuseas.
- Vómitos (en determinadas ocasiones).
- Estreñimiento; también la incapacidad para eliminar gases.
- Diarreas (ocasionalmente).
- Fiebre (por lo general baja, la cual comienza a manifestarse después de que otros síntomas ya son evidentes).
- La hipersensibilidad en el abdomen es uno de los síntomas más característicos de la apendicitis. Por lo general se manifiesta en el área inferior derecha del abdomen, pero muchas veces el área de hipersensibilidad abdominal varía según la ubicación del apéndice vermiforme (puede variar de una persona a otra).
- Inflamación del abdomen, un síntoma que se manifiesta en las etapas posteriores de estarse produciendo el ataque apendicular.
- Un incremento notable en el conteo de glóblulos blancos (leucocitos), uno de los factores por los que el análisis de sangre muchas veces permite confirmar el diagnóstico.

¿Qué puede hacer la persona que presenta estos síntomas?

- En primer lugar, ver al médico inmediatamente. No obstante, es pre-

¿QUE ES EL APENDICE?

Sin duda, la palabra *apéndice* es uno de los términos que más se escuchan en la terminología médica, y se utiliza —en general— para designar una parte suplementaria, accesoria o dependiente de una estructura principal de nuestro organismo, a la cual está unida. Sin embargo, por lo general empleamos la palabra *apéndice* cuando en verdad nos referimos al llamado *apéndice vermiforme* o *apéndice vermicular,* una estructura tubular estrecha (en forma de dedo) que se une al intestino grueso, y la cual —aparentemente— no tiene función alguna en nuestro organismo... aunque algunos especialistas consideran que su contenido (tejido linfático, principalmente) sugiere que constituye un posible instrumento de defensa del sistema inmunológico del cuerpo para evitar el desarrollo de las infecciones en el área abdominal.

¿Cómo podemos encontrarlo?

- En general se puede ubicar en el cuadrante inferior derecho del abdomen.
- Muchas veces se halla detrás del llamado *ciego* (la primera parte del intestino grueso).
- Sin embargo, en algunas personas desciende en el área de la pelvis y se aloja debajo del ciego, aunque también puede ser localizado delante o detrás del íleo (una parte del intestino delgado).

Precisamente, el hecho de que su posición varíe (según el individuo) determina los síntomas que se puedan presentar en una situación de apendicitis, y desorienta más al especialista en el momento de emitir un diagnóstico.

En todo caso, se puede afirmar que —como promedio— el apéndice vermiforme tiene unos 9 centímetros de longitud, con paredes gruesas que forman una cavidad estrecha, presentando un revestimiento similar al del intestino grueso, al que está unido.

ciso estar consciente de que el diagnóstico no siempre es fácil, ya que los síntomas anteriores en ocasiones se confunden con los que causan otras condiciones (especialmente en el caso de niños). Por ejemplo:

1. La llamada *adenitis mesentérica,* frecuente entre los niños, y que muchas veces se manifiesta después de una infección desarrollada en el tracto respiratorio.

2. La inflamación del riñón derecho (pielonefritis).

3. Diferentes tipos de anormalidades que se puedan desarrollar en el ovario derecho y en la trompa de Falopio derecha (en la mujer).

4. La llamada *enfermedad de Crohn,* una condición inflamatoria crónica que puede afectar cualquier área del tracto gastro-intestinal (desde la boca hasta el ano), aunque el punto donde la inflamación se manifiesta con mayor frecuencia es el íleo.

- Asimismo, es preciso que deje de hacer todo tipo de actividad, y que guarde reposo absoluto (en una cama o en una butaca).
- Es sumamente peligroso tomar cualquier tipo de laxante, ya que el mismo puede provocar la ruptura de las paredes del apéndice, y desencadenar la peritonitis.
- Asimismo, mientras el especialista no llega a un diagnóstico, es importante no tomar ningún medicamento para reducir la fiebre, ya que esto podría desconcertar al médico al considerar cómo se manifiestan los síntomas.
- Es importante no ingerir ningún alimento ni beber ningún tipo de líquido hasta que la condición haya sido debidamente diagnosticada por el médico. En el caso en que sea preciso practicar una apendicectomía de emergencia, la cirugía es siempre más segura si se puede realizar mientras el estómago está vacío. En el caso de que la sed del paciente sea intensa, se le permite que se enjuague la boca con agua, sin tragarla.

¿QUE FACTORES PUEDEN CAUSAR LA APENDICITIS?

En la mayoría de los casos no se puede hablar de una causa única y evidente para una situación de apendicitis. En general podemos referirnos al hecho de que se presenta una infección (por factores difíciles de determinar), la cual es provocada por bacterias que provienen del tracto intesti-

10 SINTOMAS CLAVES PARA DETECTAR UN ATAQUE DE APENDICITIS

■ Más del 95% de los pacientes que presentan un cuadro de apendicitis suelen quejarse de dolores intensos en el epigastrio o en las zonas que rodean al ombligo.

■ A medida que transcurren las horas, el área de dolor se va definiendo con más precisión, ya que el dolor se vuelve prácticamente insoportable en la zona del cuadrante inferior derecho del abdomen.

■ La hipersensibilidad de todo el área del abdomen es una característica muy definida de la apendicitis.

■ Ante los dolores, se pierde el apetito, automáticamente.

■ Se manifiestan náuseas; se desarrolla mal aliento.

■ Los vómitos no son comunes, pero pueden presentarse.

■ No es frecuente que se presenten situaciones de diarreas.

■ Existe un promedio general de 1 en 10 pacientes que pueden desarrollar situaciones de estreñimiento; además, se dificulta la expulsión de los gases.

■ La fiebre no se caracteriza por ser alta; se mantiene entre los 38 y 38.5 grados centígrados. Pero si se verifica que la fiebre es superior a la señalada, ello está indicando la probabilidad de que se haya producido una perforación en las paredes del apéndice y que el pus haya invadido la cavidad abdominal. Muchas veces esta situación va acompañada por escalofríos. ¡La situación es de suma emergencia!

■ Los análisis de sangre pueden mostrar un aumento considerable en el conteo de los glóbulos blancos (la llamada *leucocitosis).*

¿SE DEBE ELIMINAR EL APENDICE PARA EVITAR LA APENDICITIS?

Los médicos no recomiendan que ninguna persona se someta a una operación quirúrgica para eliminar el apéndice vermicular si su estado de salud es normal; no existe ningún tipo de complicación que justifique este tipo de intervención, que aunque sencilla, siempre debe ser considerada riesgosa. Por lo tanto:

- Si no existen factores muy definidos que sugieran la conveniencia de operar el apéndice cuando se halla en una situación normal, ello no es recomendable.

Ahora bien, si el paciente se tiene que someter a una cirugía abdominal por cualquier otra razón, y en esa misma intervención quirúrgica el apéndice queda visible para el cirujano (por estar próximo a la zona que provocó la operación), en estos casos sí es recomendable extraer el apéndice vermicular, como una medida profiláctica que se realiza aprovechando esa intervención quirúrgica. A este procedimiento se le llama *apendicectomía profiláctica* y se hace con el fin de evitar complicaciones que pudieran presentarse en el futuro, no sólo en el caso de que se desarrolle una situación de apendicitis, sino las molestias de una nueva intervención quirúrgica abdominal y el tener que someterse a la anestesia general, con las molestias que ello provoca.

nal. Asimismo, es preciso considerar otros elementos que pueden causar la condición:

- Cálculos pequeños.
- Tumores.

- Infección, ante la presencia de parásitos (tales como oxiuros, que se alojan en el intestino del hombre y de varios animales; o los esquistosomas, que son gusanos aplanados que viven en los vertebrados y cuyas larvas penetran en la sangre del huésped que los aloja por estar éstos en contacto con aguas contaminadas).
- Tumoraciones malignas en el ciego.

Sin embargo, en la gran mayoría de los casos se presentan los conocidos *fecalitos,* unos cálculos de materia fecal dura, con sales inorgánicas y calcio, cuya presencia casi siempre sugiere el inicio de la obstrucción del apéndice. Una vez que se consume el proceso de obstrucción, el apéndice se inflama, se infecta y se satura de pus, lo que en muchas ocasiones se complica con una situación de gangrena (la muerte de los tejidos) de sus paredes, las cuales se pueden perforar fácilmente.

Si se produce la ruptura de las paredes del apéndice, el contenido de pus pasa al abdomen, causando la peritonitis. En algunos casos, el propio intestino impide que la infección se expanda por la cavidad abdominal, formando un absceso que puede ser localizado en las proximidades del apéndice. De cualquier forma, esta ruptura origina fiebre y escalofríos, así como dolores muy intensos que se manifiestan recurrentemente. El tratamiento a seguir es —desde luego— la cirugía de emergencia; de lo contrario, si no se toma acción, la situación es mortal.

ANTE LA APENDICITIS, LA UNICA ALTERNATIVA ES LA APENDICECTOMIA

Una vez que se diagnostica con seguridad la condición (un ataque apendicular), la única opción es extirpar el apéndice (apendicectomía) de inmediato, para que el cuadro clínico que presenta el paciente no adquiera dimensiones peligrosas. Para ello:

- Antes de la operación, se le hacen al paciente análisis de sangre y orina, así como rayos X del área abdominal.
- El paciente es anestesiado; se emplea anestesia general (por inyección o inhalación).
- El cirujano hace una incisión en el bajo abdomen.
- Los músculos abdominales y los órganos son separados, para aislar de esta manera al apéndice vermiforme, el cual es entonces separado del intestino grueso por medio del bisturí, y eliminado.
- Se sutura el intestino, se cauteriza toda el área, y se esteriliza (para evitar el desarrollo de una infección).
- Asimismo, el cirujano inspecciona minuciosamente toda la zona alrededor del apéndice vermiforme para comprobar la posible presencia de cualquier condición que no haya sido detectada en reconocimientos anteriores al proceso quirúrgico.
- Cualquier líquido o pus que provenga del apéndice infectado es eliminado de la cavidad abdominal por medio de la succión.
- En ciertas ocasiones, se implanta un drenaje al paciente en el área donde se hallaba el apéndice que ha sido eliminado quirúrgicamente. Este drenaje se elimina a las 48 horas.

Por lo general, el paciente debe permanecer en el hospital durante tres o cinco días después de la operación, y los puntos se eliminan casi siempre entre el séptimo y décimo día después de practicada la operación. Se considera que el tiempo promedio de recuperación es de aproximadamente tres semanas. En todo caso, inmediatamente después de la operación, el cirujano por lo general recomienda:

- Medicamentos para controlar el dolor.
- Antibióticos.
- Medicamentos para mover el vientre con regularidad.
- Asimismo, para aliviar el dolor que se pueda presentar en el área de la herida, se sugiere la aplicación de compresas calientes o una almohadilla de calor.
- También el especialista le sugerirá al paciente que, mientras que guarda cama inmediatamente después de la operación, mueva las piernas con frecuencia para evitar la formación de coágulos.
- Se sugiere que el paciente no realice ejercicios intensos durante seis

o siete semanas después de haber sido sometido a la operación quirúrgica (más tiempo si se ha presentado cualquier tipo de complicación).

- El especialista también indicará el tipo de dieta a observar; casi siempre líquida, hasta que el tracto gastro-intestinal comience a funcionar normalmente. A partir de ese momento, es conveniente seguir un régimen de alimentación rico en proteínas, el cual permitirá acelerar el proceso de cicatrización de la herida.

CAPITULO 17

¿QUE HACER CUANDO EL NIÑO TIENE DOLOR DE ESTOMAGO?

Si al niño le duele el estómago (o usted percibe este síntoma en el bebé), primeramente, localice el área donde se manifiesta el dolor. Seguidamente, analice las posibles causas. Por último, decida qué hacer. ¿Le parece difícil? No... si sigue los pasos que le ofrecemos en este capítulo que le mostrarán cómo atender al niño cuando llora o se queja de que le duele el estómago.

Los cólicos en los bebés son los primeros de esos dolores de estómago que parecen acompañar a los niños desde el momento en que nacen hasta la adolescencia. Los padres a menudo no logran determinar por qué lloran sus hijos más pequeños, ni qué es lo que realmente les pasa. Es normal que así sea, porque son tantas las causas ocultas que pueden provocar un dolor de estómago, que hasta el pediatra con más experiencia algunas veces no logra llegar a un diagnóstico preciso y —en muchas ocasiones— inclusive puede confundir fácilmente la condición que presenta el niño.

Son muchísimos los factores capaces de provocar que se manifieste el dolor de estómago en los niños, tantos que cuando a los pediatras les resulta difícil identificar los síntomas que presenta el pequeño, recurren a los padres del pequeño paciente para que sean éstos quienes les expliquen cómo se manifestó el malestar en el niño y qué síntomas pudieran haber observado. Por ello es que la información que ofrecemos en este capítulo es tan importante para usted, porque de usted depende gran parte del tratamiento que el pediatra recomiende. Consúltela cada vez que el niño se queje del clásico "dolor de barriga".

A continuación le ofrecemos las causas de los dolores de estómago más frecuentes en los niños, así como también los más desconcertantes.

COLICOS

Se estima que el 20% de los bebés de menos de cuatro meses, que están saludables, padecen de cólicos después de experimentar las largas crisis de llanto, que son las que en muchas ocasiones causan el dolor de estómago y los gases. También los niños de más de un año pueden presentar estos molestos cólicos, los cuales a menudo provocan —en el área del colon (intestino grueso)— un dolor muy intenso e intermitente. Es decir, hay períodos en los que se manifiesta el dolor, seguidos por otros en que éste desaparece (aunque también el dolor puede manifestarse de forma continua, variando sólo la severidad del mismo). En muchos casos, los cólicos se presentan acompañados de diarreas; en otras ocasiones, éstas se manifiestan una vez que el dolor ha cedido.

Hasta el presente, los especialistas no han logrado definir con precisión si los cólicos son producidos por sensibilidad del sistema nervioso del niño, por trastornos en el proceso de establecer horarios de sueño y de alimentación regulares, o por los llamados *conflictos de temperamento.*

¿Cuáles son sus causas?

Entre los factores que se considera hoy que pueden activar los cólicos intestinales en el niño se encuentran los siguientes:

- Ciertos alimentos que dificultan los procesos digestivos.
- Los alimentos contaminadoso en mal estado de conservación.
- La ingestión de líquidos demasiado fríos.

- Las combinaciones equivocadas en los alimentos que se ingieren.

Síntomas:

- Un llanto inconsolable; muchas veces, llanto acompañado de gritos.
- Llorar durante más de tres horas, casi todos los días.
- En el caso de un bebé: si usted observa que tiene los brazos y las piernas rígidos, el vientre contraído, y la espalda arqueada, casi siempre estas manifestaciones son síntomas de dolor de estómago y de gases.

¿Cuál es el tratamiento indicado?

- Por lo general, no es necesario someter al bebé a tratamiento.
- Algunas veces los médicos recomiendan gotas de algún medicamento para aliviar los gases (pueden ser adquiridos en la farmacia sin la necesidad de una receta médica). Si no conoce alguno, pregúntele a su médico o al farmacéutico.
- Un estudio reciente sobre los cólicos infantiles indica que el cocimiento de manzanilla o de hinojo es efectivo para controlar los cólicos en el bebé.
- También es recomendable acostar al bebé boca abajo y pasarle la mano por la espalda, ejerciendo una ligera presión sobre el vientre. Igualmente, distraer al bebé puede ser una medida mágica para aliviar la intensidad de un cólico (pasearlo en su coche, por ejemplo).

Otras sugerencias:

- Aplique calor en la región del abdomen. Para ello es conveniente emplear una bolsa de agua caliente, o compresas, o una almohadilla de calor.
- Logre que el niño evacúe el intestino; si es necesario, aplique un enema.
- Induzca el vómito, si considera que los cólicos son provocados por la ingestión de alimentos que dificultan la digestión o que se hallen en mal estado.

No obstante, es importante cerciorarse de que los síntomas no se deben a una emergencia apendicular (apendicitis). En ese caso no se deben administrar laxantes o purgantes. Hacerlo podría causar la perforación del

¿DONDE LE DUELE AL NIÑO?

■ **Píloro.** Los vómitos que se expulsan como si fueran disparos pueden ser síntomas de trastornos en el píloro, el lugar donde el estómago se comunica con el intestino delgado.
■ **Intestino delgado.** La alergia a la leche o una infección intestinal son algunos de los problemas que pueden causar dolor o contracciones en esta parte del abdomen.
■ **Apéndice.** Los síntomas más frecuentes de la apendicitis son: dolor constante en el lado derecho del abdomen, náuseas, y vómitos.
■ **Garganta.** Aunque pueda parecer raro, las infecciones en la garganta suelen causar dolores abdominales.
■ **Esófago.** Cuando el niño escupe es porque el músculo que forma la válvula entre el esófago y el estómago no está debidamente desarrollado.
■ **Estómago.** Los niños que sienten temor a ir a la escuela a menudo se quejan de "hormigueo en el estómago".
■ **Intestino grueso.** El estreñimiento puede causar dolores de vientre y evacuaciones dolorosas.

apéndice, y la peritonitis. Si los cólicos persisten, es imprescindible que vea al pediatra cuanto antes.

ALERGIA A LA LECHE

La leche es el alimento que más alergia causa en los bebés, y éste es un factor que debe ser tomado en consideración cuando el niño llora desconsoladamente y todo le indica que está experimentando un dolor:

■ Se estima que hasta un 7% de los bebés son alérgicos a la proteína de la leche de vaca, que también se encuentra en la leche materna y en algunas fórmulas que se venden ya preparadas.

Este tipo de alergia —que muchas veces es herencia de familia— generalmente desaparece una vez que el niño llega a la edad entre 1 y 3 años. Es importante mencionar que esta condición no tiene nada que ver con la intolerancia a la lactosa (cuando no se digiere el azúcar de la leche), que padecen niños de más edad, así como muchos adultos.

Síntomas:

- Síntomas de cólicos que se manifiestan dentro de las dos horas después de que el niño ha tomado el alimento (ya sea leche materna o cualquier otra).
- Vómitos.
- Urticaria o eczemas.
- Erupción rojiza en forma circular en el área de las nalgas.
- Estornudos y sonidos similares a los silbidos.

¿Cuál es el tratamiento?

- En primer lugar, cambie de una fórmula a base de leche de vaca para otra a base de leche tratada.
- Si el niño está siendo lactado por la madre, suprima todos los productos lácteos de su alimentación.

REFLUJO GASTROESOFAGICO

Entre el 20% y el 40% de los bebés escupen después de haber ingerido sus alimentos. Se trata casi siempre de una reacción normal que se debe a que una pequeña parte del alimento que llega al estómago, vuelve al esófago como un reflujo. Sin embargo, en algunos niños el volumen del reflujo no es normal y puede producirles ardentía y dolor. Este problema se conoce como *reflujo gastroesofágico patológico*. El niño que padece de esta condición, necesita atención médica.

Síntomas:

- El bebé escupe frecuentemente después del alimento, algunas veces por la nariz y con trazas de sangre.
- Intranquilidad después de haber tomado sus alimentos.
- Ataques de llanto inconsolables.
- Períodos de dolores en el abdomen (de día y de noche) que obligan al niño a contraerse y a flexionar la espalda.
- Sonidos similares a los silbidos.

¿Cuál es el tratamiento?

- Los médicos generalmente recetan medicamentos que alivian la acidez en el estómago, aceleran el paso de los alimentos por el estómago, y cierran la válvula entre el esófago y el estómago.
- También el médico puede recomendar que después de que el bebé tome el alimento, se le acueste boca abajo y con la cabeza levantada. Para levantarle la cabeza al bebé, sencillamente eleve un extremo de la cuna o del colchón; no utilice almohadas con este propósito, porque pueden constituir un factor de peligro para que el bebé se asfixie o se presente el llamado *síndrome infantil de muerte repentina* (el bebé muere sin que exista una causa aparente).
- Otra medida efectiva para controlar los síntomas de esta condición es darle menos alimento al bebé, aunque más a menudo, para evitar que el estómago se llene demasiado.

ESTENOSIS PILORICA

Según las estadísticas de la **Organización Mundial de la Salud**, 1 de cada 500 niños padece esta condición que es producida por la estrechez del píloro debida a la compresión de los músculos que lo rodean.

El píloro está situado en la salida del extremo inferior del estómago, y cuando se halla comprimido, éste trata de pasar los alimentos por el estrecho conducto que queda. Como no lo logra, el bolo alimenticio pasa nuevamente al esófago y de allí es expulsado por la boca del niño. Se trata de una afección seria; las estadísticas muestran que es 4 ó 5 veces más frecuente en los varones que en las niñas.

Síntomas:

- Vómitos persistentes, violentos, que suelen presentarse en el niño más o menos una semana después de nacido.
- Pérdida de peso, o ningún aumento de peso.
- Piel arrugada, sequedad en la boca, y un volumen pequeño de orina.
- Inflamación en el área del vientre después de ingerir el alimento. Esta inflamación cede una vez que el niño vomita.

¿Cuál es el tratamiento?

- Es imprescindible que lleve el niño al pediatra inmediatamente. Después de hidratarlo por medio de fluidos intravenosos, es posible que el bebé necesite una intervención quirúrgica para solucionar el problema que presenta.

INFECCION INTESTINAL

Todos los años, millones de niños menores de 5 años padecen de diarreas que son causadas por infecciones en el estómago (o por gastroenteritis). La mayoría de estas infecciones son de carácter viral, aunque las bacterias y los parásitos también pueden causarlas. La deshidratación ocasionada por las diarreas (una situación que puede llegar al extremo de poner en peligro la vida del niño) es un síntoma que requiere atención médica inmediata para poder controlar la infección.

Síntomas:

- Cólicos abdominales.
- Diarreas, a veces con sangre o muy líquidas.
- Vómitos, que parecen casi agua y que presentan un color verde amarilloso.

¿Cuál es el tratamiento?

- Si se trata de diarreas ligeras (sin que se manifiesten otros síntomas), y el niño se mantiene en condiciones normales, mostrando hambre, continúe alimentándolo en la misma forma (leche materna o de cualquier otro tipo).
- Si el niño es mayor, aliméntelo con líquidos ligeros (agua o soda) y alimentos fáciles de digerir (como arroz, puré de manzana, tostadas, galletas, sopa, o bananas).
- Si su bebé o su niño vomita, o las diarreas son persistentes (cada una o dos horas), llame al médico, quien posiblemente le recomendará que le proporcione líquidos para evitar la posible deshidratación.
- En determinadas circunstancias —y exclusivamente bajo la atención del especialista— será necesario darle antibióticos al niño para controlar la infección.

ESTREÑIMIENTO

El estreñimiento no es una condición frecuente en los bebés; no obstante, si ése es el problema, el médico debe ser informado de que el pequeño muestra dificultad para evacuar. Una vez que los niños empiezan a ingerir alimentos sólidos, algunos bebés sufren de estreñimiento (tal vez por la falta de fibra, a que no han logrado establecer un ciclo regular en el movimiento de los intestinos, o a la retención de las heces fecales).

Síntomas:

- En los bebés las heces fecales son duras; asimismo, evacúan menos de una vez al día.
- En los niños mayores también las heces fecales son duras, secas, y al pequeño le resulta doloroso expulsarlas.
- Cuatro días sin evacuar.
- Dolores abdominales que cesan cuando se produce un abundante movimiento de los intestinos (con dolores).
- Sangre en las heces fecales.
- Manchas en la ropa entre los movimientos intestinales.

¿Cuál es el tratamiento?

- Si se trata de un bebé, llévelo al médico; quizá lo único que necesite sea cambiar el tipo de leche que se le está proporcionando.
- Si el niño es mayor, haga que beba bastante agua y que ingiera alimentos con mucha fibra (como las ciruelas, albaricoques, granos, cereales y pan de trigo integral).
- En situaciones más serias, pregúntele al médico si es necesario que el niño estreñido tome un laxante ligero o algún otro tipo de medicamento para suavizar las heces fecales.
- También es posible recurrir a un enema o un elemento lubricante que facilite el paso de las heces fecales al ser expulsadas al exterior.

INFECCIONES EN LA GARGANTA

Muchos padres no están conscientes de que las infecciones en la garganta en los niños también pueden causar dolor de estómago y otras complicaciones más serias (entre ellas la fiebre reumática, una condición que afecta las articulaciones y el corazón). Se estima que el 10% de esas infecciones son bacteriales (producidas por estreptococos), y que la mayoría de los niños de más de 2 años han tenido por lo menos una de ellas.

Síntomas.

- Dolor de garganta.
- Glándulas inflamadas.
- Fiebre; ligera en los menores de 3 años, y más elevada en los niños mayores.
- Algunas veces producen cólicos y dolores de estómago.
- Falta de apetito.
- Vómitos.

¿Cuál es el tratamiento?

- Antibióticos, según sea el caso.

DOLORES ABDOMINALES RECURRENTES

De acuerdo con la opinión de la mayoría de los especialistas:

- El 15% de los niños —tanto los más pequeños como los que ya se encuentran en la edad escolar— mueven los intestinos más de lo normal, lo cual puede causar contracciones intestinales.

Es posible que la condición se deba a un padecimiento de familia; no obstante, las estadísticas muestran que la situación es más frecuente en las niñas, específicamente entre los 8 y 11 años de edad.

Síntomas:

- Dolores de estómago —tanto leves como intensos— que se presentan y desaparecen, pero afectan las actividades normales del niño (aunque no el sueño).
- De repente el niño se lleva la mano al área del vientre, palidece, y se ve obligado a recostarse.

¿Cuál es el tratamiento?

- Los síntomas suelen desaparecer cuando el pequeño descansa por unos 20 minutos.
- Si los síntomas son muy severos, el médico puede recetar algún medicamento anti-espasmódico.
- Los alimentos a base de fibras ayudan a aliviar esta condición.

APENDICITIS

Aunque ya hemos considerado esta condición en un capítulo anterior, es preciso mencionarla de nuevo, pues es un dolor que el niño puede sentir en el abdomen, y los padres deben estar muy bien informados al respecto. La apendicitis consiste en la inflamación de un pequeño apéndice del intestino grueso, y es producida por alimentos o heces que se alojan en él. En los niños, se trata de la situación de emergencia médica más frecuente por problemas intestinales, sobre todo en los mayores de 6 años.

Síntomas:

- Dolor de estómago constante en la zona inferior del abdomen; el dolor se intensifica y se refleja en el lado derecho del vientre; es más común entre los niños de 7 y 8 años de edad.
- Ardentía al orinar; la micción es más frecuente.
- El caminar encorvado.
- La necesidad de recostarse.
- La pérdida del apetito.
- Náuseas y vómitos, después de que comienza el dolor.

¿Cuál es el tratamiento?

- Se trata de una emergencia, y por lo tanto el niño debe ser llevado con urgencia al hospital más cercano. El peligro es grande, y el niño requiere ser sometido a una intervención quirúrgica para extirpar el apéndice antes de que reviente y se propague la infección.

PROBLEMAS DE ESTRES INFANTIL

Se estima que hasta el 4% de los niños padecen de un tipo de dolor de estómago que es causado por el estrés y la ansiedad que experimentan en la escuela. El niño que siente fobia por la escuela suele ser muy sensible, se preocupa por todo, y casi siempre está muy acostumbrado a la protección constante de sus padres.

Síntomas:

- En el niño saludable por lo general el dolor de estómago se presenta

durante la primera hora después de salir para la escuela, o los domingos por la noche (víspera de una nueva semana de asistencia a la escuela).
- Se queja de calambres en el abdomen.
- Dolor de cabeza, náuseas, o mareos... antes de partir para la escuela.
- No muestra deseos de tomar el desayuno.

¿Cuál es el tratamiento?
- Envíe al niño a la escuela a pesar de los malestares y de sus quejas.
- Converse con su niño y ofrézcale explicaciones que lo ayuden a neutralizar el temor que pueda sentir al alejarse de sus padres.
- Por supuesto, es imprescindible consultar la situación con el sicólogo o pediatra, para que éste ofrezca la orientación adecuada.

CONDICION CELIACA

Se conoce popularmente como *enfermedad típica de los intestinos,* y consiste en una reacción del sistema inmunológico a la proteína del trigo (llamada *gluten);* se estima que la padece 1 de cada 1,000 niños. Si no es tratada debidamente, se pueden afectar los tejidos de las paredes intestinales, y poner en peligro la salud del pequeño.

Síntomas:
- Contracciones y dolores abdominales.
- Vómitos y estreñimiento; también diarreas fétidas.
- Pérdida de peso y estancamiento en el proceso del crecimiento.
- Abdomen protuberante.
- Falta de apetito.
- Anemia o un estado de debilidad general.

¿Cuál es el tratamiento?
- Lleve el niño al médico. Posiblemente el tratamiento consistirá en

LLAME AL MEDICO... ¡Y PRONTO!

Cualquiera de los síntomas siguientes puede revelar la presencia de una enfermedad seria que requiere atención médica inmediata:

- Ojos hundidos, sequedad en la boca, llanto sin lágrimas, no orinar por períodos de seis horas (o más).
- Si el bebé tiene menos de 4 meses, y presenta vómitos que son expulsados como si fueran disparos.
- Vómitos acompañados de fiebre; un estado de cansancio anormal.
- Vómitos muy aguados, amarillos, verdosos, o con partículas oscuras que parecerían granos de café.
- El vientre duro, muy suave, o inflamado; dolor al ser palpado.
- Vómitos que persisten por más de unas horas.
- Incapacidad para retener cualquier alimento que sea ingerido (hasta el líquido más ligero).
- Vomitar con el estómago vacío.
- Sangre (o trazas de sangre) en las heces fecales.
- Dolor persistente en el área del vientre que se prolonga por más de dos horas.
- Si el niño camina encorvado o se niega a caminar.

suplementos de multivitaminas y observar una alimentación sin gluten (es decir, no ingerir ningún alimento que sea preparado a base de trigo, centeno, cebada, o avena).

CAPITULO 18

LA DIABETES INFANTIL: ¡HOY PUEDE SER CONTROLADA!

Hasta hace sólo algunas décadas, la diabetes era una enfermedad mortal. Actualmente se le considera una enfermedad grave, pero que puede ser absolutamente controlada. Por lo tanto, si en el caso de un niño que sufre de diabetes se siguen las recomendaciones del médico, y el pequeño aprende a vivir con su enfermedad (porque se trata de una condición crónica), podrá llevar una vida normal en todos los sentidos. Muchos padres, sin embargo, no prestan atención a los síntomas de la diabetes que se puedan manifestar en sus hijos… y en ocasiones esto activa numerosas complicaciones.

En la actualidad, 2 de cada 1,000 niños son diabéticos al llegar a la edad de 20 años. Pero a pesar de que está muy difundida, la diabetes es una condición muy seria debido a las numerosas complicaciones que muchas veces se presentan a consecuencia de ella. En los Estados Unidos, por ejemplo:

- El considerable aumento en el número de diabéticos registrado en los últimos años ha hecho que las autoridades médicas de ese país consideren que la diabetes causa actualmente tantas muertes como las enfermedades del corazón o el cáncer, consideradas hasta el presente como las más temibles para el ser humano.

Por supuesto, al buscar una solución a este incremento en el número de diabéticos, es natural que se produzcan controversias entre los científicos involucrados en su estudio, las cuales muchas veces confunden al público. Como la opinión de los médicos se divide en diferentes direcciones, el público se desorienta.

LA DIABETES DEL TIPO I

Es la forma más severa de diabetes, es posible que sea una enfermedad hereditaria, y por lo general afecta a personas que tienen menos de 20 años de edad, aunque es más común en niños entre los 10 y los 16 años. En esta situación, las células en el páncreas que segregan la insulina son destruidas (probablemente debido a una respuesta del sistema inmunológico), y la producción de insulina cesa casi por completo.

- El tratamiento de este tipo de diabetes requiere inyecciones diarias de insulina; sin ellas el paciente puede sufrir una verdadera crisis.
- Es importante mencionar que se trata de una condición incurable, aunque los síntomas —así como el desarrollo de la enfermedad— se puede controlar si se observa un tratamiento estricto.

¿QUE PUEDEN HACER LOS PADRES DEL NIÑO DIABETICO?

Seguir las recomendaciones del médico al pie de la letra.

- Aprenda todo lo más posible sobre esta enfermedad y las diferentes formas de controlarla, reconociendo en todo momento sus síntomas (específicamente los de la hipoglicemia y los de la ketoacidosis).
- Mantenga siempre un vial de glucagón a mano para usarlo en el caso de que se presente una baja repentina de azúcar (hipoglicemia).
- Aprenda a ponerle al pequeño las inyecciones de insulina; enseñe al

¿QUE ES LA DIABETES?

Es un problema relacionado con la capacidad que tiene el cuerpo humano para producir o utilizar la insulina, que es la hormona elaborada por el páncreas, y la cual tiene como función procesar con eficiencia el azúcar que se ingiere a través de los alimentos. Esto se hace por medio de un proceso químico del cuerpo (llamado *metabolismo),* que asimila los alimentos y con ellos produce la energía que todos los seres humanos necesitamos para vivir. Para este proceso se requiere la insulina. Ahora bien, cuando el páncreas produce poca o ninguna insulina (diabetes del Tipo I), el azúcar no puede ser metabolizada. Este es el motivo por el cual los diabéticos del Tipo I necesitan —para sobrevivir— las inyecciones diarias de insulina.

niño a inyectarse a sí mismo, una rutina que deberá repetir diariamente, durante toda su vida.

- Manténgase al tanto de cualquier tipo de infección que se pueda presentar en el cuerpo del niño; vea al médico inmediatamente.
- Haga que el pequeño lleve un estilo de vida activa; los ejercicios moderados, pero constantes, son imprescindibles.
- El niño debe seguir la dieta que le recomiende su médico.

Enfatizo: aunque esta enfermedad es incurable, los síntomas y el avance de la condición pueden ser controlados si los padres del pequeño observan el tratamiento médico. El promedio de vida de la persona que sufre de diabetes del tipo I es menor que el de la persona saludable, aunque muchos pacientes logran vivir normalmente hasta una edad avanzada.

LA ALIMENTACION DEL NIÑO DIABETICO

Los especialistas recomiendan a sus pacientes diabéticos, como norma general, una dieta que incluya los siguientes elementos:

- **CARBOHIDRATOS:** El porcentaje exacto de calorías que un diabético debe obtener a partir de los carbohidratos debe ser determinado particularmente en cada paciente. Básicamente dependerá de las preferencias alimenticias del paciente y de los niveles de lípidos (grasas) y de glucosa (azúcar) en la sangre que se necesitan mantener. Aunque muchas personas con diabetes creen que los carbohidratos complejos (que se encuentran en los granos, los panes, y la pasta) son mejores que los carbohidratos simples, la realidad es que hay poca evidencia científica de que los carbohidratos simples afecten los niveles de glucosa en la sangre más que los almidones.
- **PROTEINAS:** La cantidad de proteínas que debe incluir la dieta de un diabético varía de acuerdo con la presencia o no de enfermedades renales. Si se trata de un diabético que no manifiesta síntomas de sufrir de una enfermedad renal, entre el 10% y el 20% de las calorías que consume diariamente deben provenir de las proteínas. Sin embargo, si el paciente diabético desarrolla enfermedades renales, un consumo de proteínas máximo de 0.8 gramos por kilogramo de peso en el día es lo adecuado.
- **GRASAS:** Cada paciente diabético deberá consultar con su médico y especialista en Nutrición para determinar el porcentaje exacto de grasas que puede incluir en su plan de alimentación.
- **COLESTEROL:** Los especialistas recomiendan a los diabéticos mantener su consumo de alimentos ricos en colesterol por debajo de los 300 miligramos diarios.
- **FIBRAS:** Se sugiere el mismo que para la población general: entre 20 y 35 gramos de fibras.
- **SODIO:** Muchos especialistas recomiendan limitar el consumo de sodio en los diabéticos a no más de 2,400 a 3,000 miligramos diarios.
- **AZUCARES:** Necesitan ser sustituidos por otros alimentos en el plan de alimentación de un diabético.
- **ENDULZANTES NO NUTRITIVOS:** Están permitidos.

CAPITULO 19

OBESIDAD INFANTIL: ¿CUAL ES LA SOLUCION AL SOBREPESO EN LOS NIÑOS?

Imagínese que usted examina las tablas de crecimiento infantil en el consultorio del Pediatra que atiende a su hijo y descubre que el niño, que sólo tiene 10 meses, pesa más que la mayoría de los bebés con su misma estatura y edad. "¿Debo hacer algo para lograr que baje de peso...?" es la primera pregunta que surgirá en su mente. ¿Y qué puede hacer en el caso de su otra hija, de 6 años, en cuya cintura puede pellizcarse —sin ningún tipo de esfuerzo— un pliegue de piel de varios centímetros de espesor? ¿Debe someterla a una dieta estricta ahora, antes de que la situación se escape completamente de sus manos y la niña se convierta en una adolescente con tendencia a la obesidad...?

Según las investigaciones más recientes sobre los niños y el sobrepeso, no. A pesar de que en nuestra cultura hispanoamericana nos hayamos apartado de los patrones que nos regían antes, y hoy sea la figura delgada la más aceptada desde el punto de vista estético, y a pesar de los muy bien documentados peligros que representa la obesidad, imponer a un niño un régimen de restricción con respecto a los alimentos puede ser un gran error. Muchos especialistas hoy día se apartan completamente de la idea de recurrir a la dieta como medio terapéutico adecuado para combatir la obesidad en los niños; en su lugar recomiendan vías más seguras que nos permiten ayudar a los pequeños a mantener un peso realmente saludable... sin ningún tipo de presiones. En este capítulo le ofrecemos la información necesaria sobre las dietas en los niños, y los recursos que resultan verdaderamente efectivos en la lucha contra el peligroso sobrepeso infantil.

¡UN BEBE REGORDETE NO SERA NECESARIAMENTE UN NIÑO O UN ADULTO OBESO!

Las mejillas gruesas, la doble barbilla, el vientre pronunciado, y los rolletes en las piernas y brazos, son perfectamente normales en los bebés, y no constituyen —en forma alguna— un presagio de obesidad en el futuro. Aunque es cierto que un peso extremo (aquél que hace más lentos los movimientos del bebé, y que hasta puede volverlo letárgico e incómodo) podría indicar un problema médico, la mayoría de los padres no deben preocuparse sobre la sobrealimentación o el sobrepeso de sus hijos durante el primer año de vida. Las estadísticas muestran que los bebés regorde-tes son usualmente bastante saludables y —afortunadamente— la mayo-ría no llega a convertirse en adultos con sobrepeso.

Sin embargo, aun en el caso de que el sobrepeso de un bebé en particular sí pudiera estar sugiriendo una posible situación de obesidad en la adolescencia y en su vida adulta:

- Los bebés nunca deberán ser sometidos a una dieta baja en grasas y calorías. Ellos necesitan la grasa para el desarrollo de sus huesos y de su cerebro; además, las calorías les son imprescindibles para poder seguir creciendo a un ritmo adecuado.
- El consumo calórico de un bebé debe ser de —aproximadamente— entre 80 y 100 calorías diarias por cada kilo de peso. La nutrición adecuada es tan importante durante los primeros años de vida de un niño —para desarrollarse normalmente en el aspecto físico e intelectual— que la mayoría de los pediatras advierte a los padres (y con insistencia) que ni siquiera deben diluir las fórmulas, saltar comidas, o tratar de limitar la grasa y el colesterol en los niños menores de 2 años de edad.

CUANDO EL NIÑO COMIENZA A CAMINAR, SU PESO Y SU APETITO SE REDUCEN...

Al igual que los bebés regordetes (cuya grasa corporal no debe ser motivo de preocupación por parte de los padres), los niños de 1 a 5 años, de constitución igualmente rolliza, tampoco deben inquietarnos. Después de que comienzan a caminar —y hasta que alcanzan sus años pre-escolares— los niños generalmente van adelgazando de manera natural a medida que su estatura va aumentando; por ello, en esta etapa del desarrollo del niño tampoco el peso debe preocupar mayormente a los padres.

Sin embargo, como los niños comprendidos en este grupo de edades ya no crecerán tan rápidamente como lo hacen los lactantes, usualmente requieren menos calorías en su alimentación diaria. Pero lo más asombroso de todo es que usted tampoco tendrá que preocuparse por reducir el consumo calórico de su hijo una vez que alcance esta edad; él lo hará solo... como si supiera que ya no necesita tantas calorías como antes!

A medida que se aproximan a su segundo cumpleaños, la mayor parte de los niños (incluso los que siempre han mostrado tener un excelente apetito) se muestran algo melindrosos al comer. Pero... ¿qué debe hacerse en este momento? ¿Debemos obligar a los niños a comer todos los alimentos que les servimos? ¿Cómo podemos asegurarnos de que están ingiriendo el volumen de alimentos que en realidad necesitan, y de que están recibiendo —a través de la dieta— los elementos nutritivos esenciales...?

- Los padres no deben luchar para que los niños coman todo lo que se les sirve; en lugar de esta batalla inútil —que sólo puede provocar un mayor rechazo a los alimentos— lo recomendable es servirles porciones pequeñas de diferentes alimentos, y permitir que sea el propio niño quien elija y coma (por sí mismo) lo que él desee.
- Si los padres les proporcionan a sus hijos alimentos nutritivos en cada comida y merienda, lograrán una dieta balanceada.

DE LOS 6 A 9 AÑOS: EL INDICE DE OBESIDAD MAS ELEVADO...

Con su correspondiente crecimiento y disminución del apetito, los niños en edad pre-escolar irán perdiendo peso naturalmente. Pero, ¿qué debemos hacer con un niño que ya tiene 6 años y sus mejillas, brazos y piernas siguen mostrando un exceso de grasa corporal... o con una niña que sólo tiene 9 años y ya necesita usar tallas de mujer? ¿Estos niños sí deben ser sometidos a una dieta moderada? Es entre los 6 y los 9 años cuando la obesidad infantil alcanza los índices más altos (por estadísticas). Y es justamente en esta etapa cuando los riesgos de que el sobrepeso infantil se prolongue hasta la adolescencia y la etapa adulta aumentan. En la actualidad —en los países más desarrollados— se estima que:

- 1 de cada 5 niños en edad escolar muestra un peso de por lo menos un 20% por encima del llamado *peso ideal* (el que sugieren las tablas médicas, de acuerdo con la edad, estatura y constitución física de la persona).
- Asimismo, el 11% de la población infantil actual es hasta un 5% más gruesa que tres décadas atrás.

Mientras más tiempo los niños permanezcan en la categoría de obesidad, mayores serán las posibilidades de que mantengan su sobrepeso una vez que sean adultos. Si en la familia hay miembros obesos, los riesgos a desarrollar un sobrepeso son aún mayores. Por ejemplo:

- Un niño con dos padres delgados, tiene tan sólo un 10% de posibilidades de ser obeso.
- En cambio, en un niño con uno de sus dos padres obesos, las posibilidades se elevan a un 40%.
- Y si ambos padres son obesos, entonces los riesgos ascienden hasta el 80%.

Sin embargo, aunque los índices de obesidad se elevan durante la edad escolar —y los riesgos de que el sobrepeso se prolongue a la adolescencia y a la edad adulta también aumentan— la restricción de alimentos no es la solución adecuada para ningún niño menor de 8 años:

- Los estudios muestran que entre el 90% y el 95% de todas las personas que pierden peso por medio de dietas que implican la abstinencia total o parcial de alimentos, regresan a su nivel de gordura habitual en el término de unos dos años.
- En el caso particular de los niños, estas dietas, además de inefectivas,

también los afectan en el aspecto emocional y nutricional. Al sentirse presionados y sometidos a restricciones a causa de la dieta que deben observar, los niños pueden rebelarse y comenzar a comer sin que sus padres los vean; también pueden comer desmedidamente con el único propósito de molestar a los adultos y protestar contra las restricciones a las que ha sido sometido (las cuales consideran arbitrarias).

- Lo que es peor aún: los niños pueden llegar a creer que son "buenos" únicamente si controlan lo que comen, y "malos" cuando no pueden hacerlo... Y son precisamente los pensamientos de este tipo los que pueden conducirlos después a desarrollar serios desórdenes de la alimentación (la bulimia y la anorexia nerviosa entre ellos).

¿COMO COMBATIR LA OBESIDAD INFANTIL?

Es imprescindible dejar de pensar —de una vez por todas— en las dietas como la solución más adecuada para el problema de la obesidad infantil. ¿Cómo ayudar entonces a los niños que presentan una situación de sobrepeso? Poniendo en práctica las siguientes medidas:

1
¡AJUSTE SUS EXPECTATIVAS!

No se plantee como objetivo que el niño pierda peso; la meta adecuada debe ser retardar (o detener) el proceso que lleva al niño a aumentar de peso... hasta que el pequeño alcance la estatura adecuada para ese peso. La clave para lograrlo:

- Estimular al pequeño para que practique ejercicios físicos regularmente (natación, correr, ciclismo, etc.), elegir alimentos más saludables, y orientar al niño para que encuentre las vías de escape adecuadas para las tensiones a las que pueda estar sometido (es preciso determinar cuáles son sus ansiedades y temores).

- El progreso debe ser gradual; puede tomar de uno a tres años, dependiendo del peso del niño.

2
INVOLUCRE A TODA LA FAMILIA EN UNA ESTRATEGIA PARA CONTROLAR EL PESO DEL NIÑO...

Todas las investigaciones en esta área indican que, a menos que los padres y hermanos se involucren en la tarea de detener el aumento de peso del niño con tendencia a la obesidad, las posibilidades de éxito son muy limitadas.

3
¡ENFATICE SIEMPRE LO POSITIVO!

En lugar de emplear la crítica o el soborno emocional (una estrategia muy empleada por los padres, lamentablemente):

- Ayude a su hijo a concentrarse en la idea de sentirse más saludable, más feliz, o más cómodo entre los otros niños.
- Permita que su propio hijo desarrolle razones para eliminar la cantidad de grasa que consume habitualmente. Por ejemplo, la oportunidad de comenzar a practicar un determinado deporte, comprar ropas nuevas, o —simplemente— no recibir más burlas ni nombretes por parte de sus compañeros de colegio.

4
ESTIMULE AL NIÑO PARA QUE HAGA EJERCICIOS...

La práctica de actividades que contribuyen a quemar calorías y crear músculos es mucho más divertida y produce resultados más duraderos que cualquier modificación en la dieta. Además, tenga presente que todo tipo de actividad física puede ser beneficiosa para el pequeño: desde pasar la aspiradora por las alfombras de la casa y sacar a caminar al perro, hasta hacer ejercicios calisténicos conjuntamente con los padres.

5
¡ELEVE EL CONSUMO DE ALIMENTOS SALUDABLES!

Permita que su hijo participe en la planificación y preparación de las comidas. Aproveche el tiempo que pasan juntos para hablar sobre el alto contenido de grasa de determinados alimentos y enfatizar cuáles son los elementos nutritivos que nuestros cuerpos realmente necesitan para desarrollarse normalmente. Mencione las muchas ventajas de ingerir alimentos saludables, prestando especial atención a los vegetales y las frutas.

6
OFREZCALE A SU HIJO FORMAS NUEVAS PARA SACIAR SU "APETITO EMOCIONAL"...

Hay muchas formas de lidiar con las emociones... además de comer desmedidamente, que es lo que infinidad de personas hace... incluyendo los niños. Si usted sospecha que su hijo está comiendo a escondidas —sólo para sentirse mejor y no porque en realidad siente hambre—— ofrézcale alguna alternativa... como jugar a las cartas por 15 minutos, conversar, hacer ejercicios, aprender un nuevo baile, etc. Lo más probable es que él se olvide de su falso deseo de comer... al menos por un buen rato.

7
¡AYUDELO A LLEVAR UN DIARIO DE SUS COMIDAS!

Registrando por escrito todo lo que ellos comen durante el día, los niños tendrán una idea más clara del volumen de alimentos que en realidad están consumiendo. Anotar en el diario cada alimento que se llevan a la boca, inevitablemente obligará a los niños a permanecer más alertas sobre lo que es llevar una alimentación balanceada. Este es un sistema que, además, inculca la responsabilidad en el pequeño.

8
¡NO LO AGOBIE CON LA IDEA DEL SOBREPESO!

Por lo general, si usted lo permite y crea las condiciones adecuadas para ello, su hijo aprenderá a regular su propio consumo de alimentos. Creando un ambiente saludable, comprando y preparando comidas más sanas, y forjando un comportamiento más saludable en el niño, estará creando las bases para que su hijo se alimente responsablemente. De esta forma —sin presiones de ningún tipo— el niño no sólo logrará adelgazar sino que también crecerá sabiendo cómo cuidar su cuerpo y sentirse mejor con su propia imagen.

PREDISPOSICION A LA OBESIDAD

Aunque se ha comprobado científicamente que los genes pueden desempeñar un papel importante en la predisposición del niño a la obesidad, la herencia no es el único factor que cuenta para que un pequeño sea "gordo"... como muchas personas creen, equivocadamente:

- Los genes determinan únicamente el nivel de peso corporal que su hijo puede llegar a alcanzar, pero no la obesidad en sí.

Es sólo cuando la predisposición heredada interactúa con los siguientes factores ambientales que los niños por lo general alcanzan el sobrepeso:

- **Un consumo excesivo de alimentos.** Cuando los niños comen en exceso (especialmente alimentos ricos en calorías y grasas) tienen grandes posibilidades de llegar a convertirse en adolescentes y adultos obesos. La predilección infantil actual por las comidas rápidas y las meriendas de alto contenido en grasas provocan con frecuencia que los niños consuman calorías adicionales que no necesitan, las cuales gradualmente llegarán a convertirse en un exceso de kilos en sus cuerpos .

- **La actividad física limitada.** Para mantener un peso saludable es necesario quemar tanta energía como el número de calorías que se ha consumido. Sin embargo, muchos niños —en lugar de practicar deportes o participar en otras actividades que requieran un esfuerzo físico— prefieren pasar horas sentados frente a la computadora o el televisor... ¡un estilo de vida totalmente sedentario! Las encuestas a nivel internacional muestran que los niños comprendidos entre las edades de 4 a 17 años pasan actualmente un promedio de entre 22 y 24 horas semanales sentados frente al televisor.
- **El comer por factores emocionales.** Los adultos no son los únicos que recurren a la comida como una vía de escape al estrés y a las tensiones a las que están sometidos; los niños también lo hacen. Cuando a un grupo de niños de 3, 4, y 5 años de edad les fueron presentadas fotografías que representaban elementos a los que ellos podían recurrir para "sentirse mejor" si estaban irritados o tristes, la mayoría eligió la comida como su mecanismo habitual para lidiar con el estrés.

REGLAS PARA LA ALIMENTACION DEL NIÑO

Mientras más temprano usted empiece a promover hábitos de alimentación saludables en el pequeño, más posibilidades tiene de evitar que su hijo se convierta en un niño o en un adulto obeso. A continuación le ofrecemos algunas reglas básicas que deberá tener en cuenta a la hora de alimentar a su hijo durante sus primeros años de vida

EL PRIMER AÑO

- Durante los primeros 4 a 6 meses de meses de vida, alimente exclusivamente a su bebé con leche materna, o con la fórmula.

- Incorpore gradualmente los alimentos sólidos: un solo alimento cada vez, para poder detectar posibles alergias. Empiece por los cereales.
- Al incorporar los vegetales a la alimentación del niño, comience por los amarillos, después los verdes, y finalmente los mixtos.
- Evite los postres.
- Para calmar la sed de su bebé, déle agua solamente; evite las bebidas azucaradas u otras preparaciones.

EL SEGUNDO AÑO

- Durante esta etapa, el crecimiento del niño se vuelve más lento; el apetito disminuye. El niño adelgazará, y comerá menos. Acepte esta situación, porque es normal.
- Cuando el niño cumpla un año, cambie de la fórmula a la leche de vaca... pero proporciónele leche entera, no desgrasada o baja en grasa. La leche entera es una fuente importante de elementos nutritivos vitales. La cantidad adecuada: entre 2 y 4 vasos diarios, hasta la edad de 2 años.
- Una vez que el niño muestre interés en comer por sí mismo, ofrézcale las oportunidades para hacerlo. Prepárele alimentos que pueda comer con sus propios dedos.
- Ofrézcale a su hijo una variedad de pequeñas porciones de alimentos saludables en las comidas y en las meriendas. El propio niño le dirá cuándo quiere más y cuándo su apetito ha quedado satisfecho.

EL TERCER AÑO

- Después de que el niño cumpla los 2 años, los padres podrán comenzar a modificar su alimentación y a proporcionarle alimentos más bajos en grasas (leche desgrasada o de grasa reducida, carnes magras, etc.).
- Trate de mantener el equilibrio en la dieta del niño ofreciéndole porciones pequeñas de alimentos saludables. Entre ellos, incluya frutas, vegetales (de color verde y amarillo), cereales, granos enteros, leche, carnes, etc. Si usted, por ejemplo, no puede lograr que su niño coma

vegetales los siete días de la semana, o si el pequeño no bebe suficiente leche algunos días, no se angustie. Lo importante es lograr una dieta balanceada a largo plazo; es decir, en lugar de analizar lo que el niño consume cada día, concéntrese en si en realidad está obteniendo la variedad de alimentos que necesita en el curso de toda la semana.

- Nunca le proporcione alimentos al niño para consolarlo, distraerlo, o como premio por algo que haya hecho bien.

EL CUARTO Y QUINTO AÑO

- Haga que el niño observe la misma alimentación balanceada que los adultos en la familia, pero sírvale porciones más pequeñas.
- Al llegar a la edad de 5 años, reduzca la grasa de la dieta de su hijo al 30% de las calorías diarias.
- Permita que su propio hijo controle el volumen de alimentos que consume. No hay duda de que se sorprenderá al comprobar lo bien que es capaz de hacerlo, siempre y cuando usted le brinde cantidades razonables de comida y no lo presione a que ingiera todos los alimentos que le ha servido en el plato.

CAPITULO 20

¿QUE DICEN LOS CIENTIFICOS SOBRE EL CANCER JUVENIL?

Las estadísticas internacionales muestran que la incidencia del cáncer juvenil cada día es más elevada, a pesar de que todo parece indicar que el cáncer —en términos generales— es una enfermedad que está llegando a ser controlable, e inclusive curable:

- Se estima que afecta a 1 de cada 300 personas (antes de cumplir los 20 años de edad), y que es más frecuente en los varones.

En este capítulo le ofrecemos la información que usted debe conocer sobre las tumoraciones cancerosas que afectan a tantos niños y adolescentes hoy en día (a nivel mundial).

Por lo general asociamos el cáncer con las personas adultas. Sin embargo, las estadísticas demuestran que —con más frecuencia de la que podamos imaginar— los niños también sufren los efectos de esta terrible enfermedad. El caso de **Georgina** y **Tomás Pedroso** es representativo de tantos matrimonios jóvenes que el destino obliga a enfrentarse con esa triste situación. Cuando su hija —**Lucía**, de sólo 18 meses de edad— desarrolló una serie de síntomas muy similares a los del catarro común, los padres no le prestaron mayor importancia a la situación, aun cuando la condición se prolongó por más días de lo que hubiera podido ser considerado normal. Tampoco se preocuparon por los pequeños hematomas que se le presentaron a la niña en las piernas, atribuyéndolos a los juegos en que Lucía participaba con sus amiguitas en el parque. Pero unos días después, Tomás comprobó que la pequeña había desarrollado unas manchas rojizas ("como si fueran pecas", las describe él) en los muslos, y el matrimonio decidió consultar la situación con el médico de la familia. Después de una serie de investigaciones, el especialista diagnosticó la condición de Lucía: leucemia. El diagnóstico médico sorprendió grandemente al matrimonio Pedroso, y la mala noticia los dejó en un estado de devastación total.

Siguiendo las recomendaciones del médico, Lucía fue ingresada en un hospital especializado en Oncología para ser sometida a una serie de pruebas de diagnóstico adicionales. Aunque la joven pareja temía por la vida de su hija, el médico les aseguró que la Medicina actual cuenta con tratamientos que pueden reducir notablemente el riesgo de mortalidad en los pacientes de leucemia. Finalmente el médico trasladó a Lucía a otro hospital especializado en el tratamiento de la leucemia, y por varios meses, sometió a la niña a un régimen de quimioterapia intensiva.

El tratamiento de Lucía era más complejo que la quimioterapia rutinaria, ya que requirió implantarle un pequeño tubo en el pecho para establecer el acceso directo al torrente sanguíneo. Además, debido a su corta edad, la niña no podía expresar en palabras las reacciones que los medicamentos provocaban en su cuerpo, que incluían náuseas, cambios súbitos en su comportamiento, e irregularidades en el apetito, añadiéndole angustia a los Pedrosos y dificultando el proceso médico.

Afortunadamente, el caso de la pequeña Lucía Pedroso tuvo un final feliz, y el tratamiento a base de quimioterapia logró controlar —y eventualmente curar— la leucemia.

¿Sería realista esperar que todos los casos de cáncer juvenil tengan un final tan feliz? Por supuesto que no. No obstante, los avances de la Medicina en los últimos años para tratar la leucemia y otros tipos de tumoraciones cancerosas en los niños han sido impresionantes... y continúan produciéndose todavía a pasos agigantados. Por esa razón, es importante resumir los conocimientos que los científicos han logrado establecer sobre el cáncer juvenil:

- En primer lugar es preciso saber que la incidencia del cáncer juvenil está aumentando considerablemente en los últimos años, aunque no se deben formar opiniones sin primeramente investigar las estadísticas con detenimiento. "En los últimos veinte años, la incidencia del cáncer en los niños ha aumentado en un 18%", explica el **Doctor Archie Bleyer**, Director del **Grupo de Cáncer Infantil**, un consorcio de centros investigativos patrocinado por el **Instituto Nacional del Cáncer de los Estados Unidos**, la organización médica norteamericana dedicada al estudio de los diferentes tipos de cáncer. Sin embargo, el Doctor Bleyer advierte que "las estadísticas también nos demuestran que la incidencia de la leucemia, el tipo de cáncer que se manifiesta con más frecuencia entre los niños, ha disminuido desde que alcanzó su nivel más alto a finales del siglo pasado; en realidad el único tipo de cáncer juvenil que ha registrado un aumento en los últimos años es el del cerebro y la columna vertebral, un factor que no se manifestaba en investigaciones anteriores".

  El Doctor Bleyer aclara que los médicos consideraban hace varios años que esos tumores eran benignos, y por esa razón las estadísticas no los tomaban en consideración. No obstante, los estudios más recientes demuestran que un gran número de esos tumores son en realidad cancerosos y muy peligrosos para la vida del paciente; por lo tanto, han comenzado a formar parte de las estadísticas.
- Los tratamientos para controlar y curar el cáncer han mejorado notablemente. El **Doctor Philip J. Landrigan** —Profesor de Pediatría en la **Escuela de Medicina Monte Sinaí** (en Nueva York, Estados Unidos)— reflexiona sobre sus recuerdos del estado de la Medicina en 1970, cuando realizaba sus estudios médicos: "En aquellos tiempos, casi ningún niño que recibía el diagnóstico de que padecía de leucemia lograba sobrevivir la enfermedad; gracias a los avances científicos realizados en las últimas décadas, la mortalidad ha sido reducida enormemente".

  La forma más común del cáncer juvenil, la leucemia linfoblástica aguda, ha registrado los logros más notables, mejorando las estadísticas de sobrevivencia desde el 55% (en 1970) hasta el 70% (en la actualidad). Si las tendencias en las estadísticas continúan en la dirección presente, los científicos estiman que en breve se llegará a registrar una sobrevivencia hasta del 85%. Los avances médicos responsables por estas mejorías en los tratamientos incluyen el uso de nuevas técnicas (como la tomografía computarizada) y los procedimien-

¿QUE SON LAS LEUCEMIAS?

Existen tres tipos diferentes de leucemias, dependiendo de las células que afecte:

- Neutrófila.
- Monocítica.
- Linfocítica.

Las leucemias constituyen solamente un grupo de las más de cien variantes de cáncer clasificadas como tales (los sarcomas, linfomas, carcinomas, etc.). Aunque se trata de una enfermedad que puede presentarse en los adultos, aparece más —y con aplastante frecuencia— en la niñez... de ahí que sea conocida como el *cáncer de la infancia* o *cáncer infantil.*

Aunque en general no discrimina por razas para atacar a los niños (y en menor escala a los adultos), y hoy la padecen millones de personas en todo el mundo, lo cierto es que existe una mayor incidencia de la enfermedad entre los individuos de la raza negra. Y algo sumamente curioso: se manifiesta más entre los varones que entre las niñas. Con respecto a la edad, podría decirse que es más o menos promedio entre todos los afectados, casi siempre entre los 2 y los 8 años. No obstante, absolutamente nadie está exento del riesgo a sufrir de leucemia, porque la Genética afecta y determina desde muy atrás. La única alternativa: luchar con fé, firmemente aliados a las esperanzas tan ciertas que, afortunadamente, ofrece la Ciencia en estos momentos.

tos para obtener imágenes por medio de la resonancia magnética (MRI). Al mismo tiempo, se han logrado desarrollar técnicas quirúrgicas especializadas y se han logrado perfeccionar los tratamientos de quimioterapia y de radiación.

- El cáncer continúa siendo una de las causas primarias de la incidencia de la mortalidad en los niños. A pesar de los avances científicos,

A VECES, LOS SINTOMAS DE LA LEUCEMIA INFANTIL SON SUTILES...

La médula es la sustancia gelatinosa que se encuentra en el interior de los huesos. Es en la médula espinal donde se producen los glóbulos rojos, los blancos, y las plaquetas que conforman la sangre. Cuando en la médula proliferan los glóbulos blancos y los mismos no llegan a alcanzar su madurez (lo que se determina por su forma, un factor que puede apreciarse en exámenes microscópicos de rutina), debe presumirse que algo anormal está sucediendo en el organismo. Probablemente (y es imperativo que el pediatra lo presuma) esta situación se deba a que las células malignas (las llamadas *células leucémicas)* se han ido acumulando en la médula y desplazando a las células normales para desarrollarse mejor.

En algún momento de este proceso, el número de células malignas se impone a los glóbulos rojos y a las plaquetas... y entonces los glóbulos blancos dejan de producirse. Si la leucemia ha sido detectada en sus primeras fases de desarrollo, y las células malignas aún no han afectado a los órganos vitales (como el cerebro, el corazón, el hígado, y los riñones), los síntomas pueden ser peligrosamente sutiles.

la Medicina no ha logrado avanzar hacia métodos realmente efectivos de prevención del cáncer juvenil. Aunque el riesgo de un niño en particular a desarrollar una tumoración cancerosa es en verdad pequeño, el desarrollo del cáncer es la segunda causa en importancia de la mortalidad infantil (los accidentes representan —hasta el presente— el factor más importante). Las estadísticas muestran que 1 de cada 330 personas desarrollan alguna forma de cáncer antes de cumplir los 20 años de edad, y en el 50% de esos casos se manifiestan en los niños menores de 6 años de edad. El Doctor Landrigan afirma que "es necesario identificar los factores que provocan el desarrollo del cáncer en los niños y dedicarle más recursos al estudio de los métodos de prevención". Mientras tanto, los padres deben mantenerse alertos a los cambios que pueden manifestarse en la salud del niño, ya que éstos pudieran representar síntomas de problemas médicos que deben ser analizados por un especialista. Con mucha frecuencia, los síntomas que se manifiestan pueden ser interpretados de formas muy diferentes, y la única manera de determinar con precisión la causa de los problemas es mediante la consulta con el profesional. Ciertos síntomas merecen mayor atención, y entre los mismos se hallan el desarrollo de inflamaciones que registran un aumento en su volumen, los dolores o sangramientos sin explicación obvia, las fiebres constantes, o una pérdida de peso que se manifiesta repentinamente.

- Todavía se desconocen las causas del cáncer juvenil. Aunque los científicos han formulado diversas hipótesis para explicar el desarrollo del cáncer en los niños, todavía no se ha logrado una hipótesis con la que pueda estar de acuerdo la mayor parte de la comunidad médica. Por ejemplo, el Doctor Landrigan sugiere que "el cáncer en los niños se debe a la proliferación del uso de sustancias tóxicas que ha ocurrido en las ultimas décadas, muchas de las cuales no han sido estudiadas con el rigor que se requiere". Sin embargo, al mismo tiempo, el propio Dr. Landrigan confiesa que no puede ofrecer suficiente evidencia basada en estudios investigativos que confirme sus sospechas.

Por supuesto, otras hipótesis abundan. Algunos científicos atribuyen el desarrollo del llamado *linfoma de Burkitt* (un tipo de cáncer que se manifiesta con poca frecuencia), a los efectos residuales de una infección viral. Otros estudios médicos sugieren que los recién nacidos son más vulnerables a desarrollar tumores cerebrales cuando las madres consumen —durante el embarazo— carnes curadas (como las salchichas y los embutidos). En conclusión, los conocimientos sobre las causas del cáncer juvenil se expanden rápidamente, pero aún no se puede decir que los científicos han llegado a explicaciones concluyentes.

- El cáncer se desarrolla con más frecuencia en los niños más pequeños; es más, las estadísticas también revelan que el 40% de los casos de cáncer juvenil ocurren en los niños menores de 4 años de edad. Al mismo tiempo, la mayoría de esos casos se presentan en los varones.

Los científicos atribuyen estos resultados al proceso genético que regula el crecimiento durante los primeros años de vida. La mayoría de los médicos consideran que durante los primeros años de la vida humana, las células se dividen rápidamente, los órganos internos se

¿QUE PUEDE HACER PARA DETECTAR EL CANCER INFANTIL?

■ Toda madre debe revisar minuciosamente a su hijo pequeño, preferiblemente durante el baño, cuando lo tiene completamente desnudo y puede examinar su cuerpo para detectar magulladuras o hematomas. En ese mismo momento es fundamental determinar si éstos han sido producidos por golpes o caídas, o si se han presentado espontáneamente. Es especialmente importante prestar atención a si algunas de esas señales se presentan a partir de la cintura hacia arriba, ya que son menos frecuentes y, por lo tanto, más sospechosas.

■ También es importante observar si ha disminuido la actividad física habitual del pequeño, y si éste presenta una necesidad imperiosa de descansar, algo que no sucedía antes. Este cansancio, esta fatiga, se debe a que la sangre no suministra suficiente oxígeno al corazón, a los pulmones, y a los músculos. Por ello, examine bien a su pequeño. ¿Tiene en las mejillas su color rosado habitual? Baje los párpados inferiores y examine el interior de los mismos... ¿Hay palidez en las mucosas? Profundice más en su análisis: últimamente, ¿se le produce algún tipo de sangramiento ligero (aun desde la nariz) al que no suele dársele la importancia debida?

Si ha observado uno (o varios) de los síntomas aquí señalados, no trate de darles una explicación que usted considere lógica, y no espere a la próxima fecha de la visita de rutina al pediatra. Pida una cita de emergencia y acuda a su consultorio lo más rápidamente posible. La vida del niño puede estar en peligro.

encuentran en su fase formativa, y muchos elementos que participan en este proceso manifiestan un nivel de actividad muy alto. Como consecuencia, la probabilidad de que se presente alguna irregularidad durante este proceso es mucho más elevado de lo normal, y estas irregularidades tienden a provocar efectos más drásticos porque se presentan durante la formación del cuerpo de los niños.

Aunque los científicos todavía desconocen la causa del desbalance en la proporción de los casos de cáncer juvenil en los varones, los estudios médicos llevados a cabo hasta el momento demuestran que los cromosomas masculinos manifiestan una mayor propensión a desarrollar las irregularidades que pueden provocar el cáncer.

- El cáncer juvenil manifiesta características diferentes a las del cáncer en los adultos. Mientras que el cáncer en los adultos se presenta en su mayor parte en las células que cubren los tejidos de los órganos internos (tales como los pulmones, los senos, el colon, y la próstata), el cáncer juvenil ocurre en lugares más recónditos del cuerpo humano (como la médula ósea, el cerebro, y las glándulas linfáticas). Los científicos opinan que esto se debe a que el cáncer se desarrolla en los adultos después de años de ser expuestos a una variedad de sustancias tóxicas, o quizás debido a los procesos naturales asociados con el envejecimiento, los cuales pueden provocar mutaciones genéticas que degeneran en el desarrollo de una tumoración cancerosa.

  En contraste, los científicos estiman que el cáncer juvenil es provocado por el proceso del crecimiento durante la niñez, cuando las diviciones celulares ocurren con mucha más frecuencia, y —consecuentemente— se presenta un mayor número de oportunidades a que se produzcan irregularidades genéticas.

- Los padres no son responsables de que los hijos lleguen a desarrollar tumoraciones cancerosas. Como sugiere el caso de los Pedrosos, un diagnóstico de cáncer en un hijo por el que hemos hecho lo posible para que nazca saludable y que se desarrolle en la misma forma, constituye un acontecimiento muy triste y devastador para toda la familia. En medio del dolor y el temor que sienten esos padres, frecuentemente surge una duda sobre la posibilidad de que la condición médica se deba a algún error que los padres pudieron haber cometido durante el embarazo o el desarrollo del niño. Sin embargo, los científicos señalan —con gran énfasis— que es muy raro el caso de tumoraciones cancerosas que puedan ser atribuidas a un descuido de los padres. El **Doctor Richard Womer**, Pediatra y Oncólogo del **Hospital Infantil de Filadelfia** (Estados Unidos) considera que "el desarrollo del cáncer infantil se pudiera comparar con un accidente automovilístico provocado, por ejemplo, por alguien que quizás ignoró una señal del tráfico; es inútil debatir si el accidente no hubiera ocurrido si la víctima hubiera salido de la casa unos minutos antes o después, o si el conductor que provocó el accidente hubiera conducido a una velocidad más moderada. Lo más importante es mantenerse consciente de que el cáncer se desarrolla como consecuencia de procesos naturales del organismo y no como resultado de alguna acción específica por parte de los padres".

De acuerdo con el Dr. Womer, "la verdadera responsabilidad de los padres es consultar con el médico si el niño desarrolla síntomas sospechosos, y proveerle el cuidado que necesita".

ANTE EL CANCER JUVENIL... ¿QUE RECOMIENDA EL MEDICO?

Seguramente el médico ordenará un conteo globular, dados los síntomas. Y lo más probable es que este análisis arroje algún grado de anemia, una condición bastante común en los niños. No obstante, no se conforme con la simple explicación que el pediatra pueda ofrecerle inicialmente. Pídale que le informe sobre el conteo de glóbulos rojos y blancos, así como de el número de plaquetas que arroja el examen. Y aunque es probable que sus conocimientos sobre esta materia sean limitados, de cualquier forma estará obligando al médico a dar una segunda mirada al informe que ha recibido del laboratorio. Se verá precisado a analizar nuevamente los resultados y a comparar las cifras, para estudiar los diferenciales. Y, desde luego, se volverá más alerta.... porque todas las anemias, asociadas a otros factores en la sangre, pueden ser muy peligrosas.

Pero si por cualquier motivo el médico no ofreciera explicaciones que le resulten claras, comprensibles —o si el instinto de padre lo llevara a dudar de las justificaciones que aduce para explicar la condición del pequeño— entonces es fundamental buscar una segunda opinión médica. No sólo es su derecho, sino que está en juego la vida de su hijo.

¡NO VUELVA A SUS HIJOS PROPENSOS AL CANCER!

En todas partes, millones de personas son verdaderas adoradoras del Sol, y se exponen apaciblemente al efecto de sus rayos ultravioletas. Pero, ¿cuál es este efecto... además de "enrojecer" o "broncear" la piel? ¡Tumoraciones cancerosas! En el caso de los niños, el efecto de los rayos del Sol es aún peor.

Cuando los padres le sugieren al niño que juegue en la playa, o si éstos se tienden para recibir los rayos del Sol, se están exponiendo a uno de los peligros más graves de la radiación solar: el cáncer. La acumulación gradual de exposiciones al Sol sin la protección debida va creando las condiciones propicias para la formación de tumores cancerosos en la piel una vez que la persona llega a la edad adulta... pero, inclusive, esta condición puede manifestarse mientras aún son niños o adolescentes.

En estos últimos años la incidencia de este tipo de cáncer ha aumentado considerablemente debido precisamente a la popularidad que ha adquirido en todo el mundo el broncearse o "tostarse" al Sol. Sin embargo, además de causar sequedad en el cutis y arrugas en la piel, se ha comprobado científicamente que los rayos ultravioletas del Sol (específicamente los que inciden entre las 10 de la mañana y las 4 de la tarde) constituyen uno de los factores principales causante de los tres tipos diferentes de cáncer de la piel que más abundan.

Tenga siempre presente que:

- Un diagnóstico a tiempo ayuda poderosamente en la lucha por la vida de un niño con leucemia, porque una vez que las células malignas ya han invadido el organismo y afectado a los órganos vitales, las complicaciones pueden ser peores que la enfermedad misma.

Por supuesto, no siempre es fácil encontrar inicialmente a un especialista que diagnostique una condición tan compleja como la leucemia infantil. Pero usted tiene el derecho a exigir explicaciones a un nivel en que puedan ser comprendidas, y —en última instancia— de buscar otras opiniones. Ejerza ese derecho. Es decir, no se conforme con el simple diagnóstico de que el pequeño padece de anemia, porque muchas veces el mal se esconde detrás de esta condición. ¡Es preciso desenmascararlo para iniciar la lucha contra él, inmediatamente!

En conclusión:

- La Medicina continúa su batalla contra el cáncer juvenil, y se están logrando grandes victorias en este aspecto... no hay duda de ello.

No obstante, el esfuerzo debe ser continuado y es preciso desarrollar nuevos procedimientos quirúrgicos, tratamientos y medicamentos para controlar la situación. En este sentido, la comunidad científica internacional considera que el futuro es altamente prometedor.

Si en su familia (o en la de algún amigo) hay un niño que padece de cáncer infantil, es importante que sepa que actualmente existen sólidas esperanzas de vida para los afectados por esta terrible enfermedad. Desde luego, hay muchos aspectos de la enfermedad que la Ciencia no ha podido explicar aún; otros, en cambio, han logrado establecerse sin lugar a dudas. Por ejemplo, se ha comprobado que la leucemia (lo mismo que otros tipos de tumoraciones cancerosas, a pesar de la información equivocada que está arraigada al respecto en muchos) no es contagiosa. Aparentemente, la Genética sí ejerce una influencia decisiva en la nefasta revolución de las células que se producen erráticamente en la médula.

CAPITULO 21

FIBROSIS CISTICA: ¡ESA ENFERMEDAD HEREDITARIA QUE TODOS TRATAN DE SILENCIAR!

Hay una serie de enfermedades de las que no todo el mundo quiere hablar porque su origen es genético; es decir, nacemos con ellas, las pasamos a nuestros hijos, y las mismas se van desarrollando progresivamente... ¡una verdadera tara familiar que muchos prefieren ocultar! Entre éstas se encuentra la fibrosis cística (o *mucoviscidosis,* como se la conoce clínicamente). Si bien afecta a un número relativamente pequeño de personas, sus consecuencias pueden ser muy graves si no se detecta rápidamente y si no es atendida constantemente.

¿Qué es la fibrosis cística?

- Se trata de una incapacidad funcional del organismo, trasmitida de padres a hijos, que impide la secreción normal de los fluidos necesarios para que en los pulmones se produzca la destrucción de los gérmenes patógenos o, en el estómago, el proceso digestivo adecuado (el sistema no absorbe las grasas ni otros elementos nutritivos de los alimentos que se ingieren).

Como resultado de esta situación, el paciente queda virtualmente vulnerable a cualquier tipo de invasión bacteriana en su sistema respiratorio. Asimismo, aunque el enfermo muestre un apetito excelente, siempre estará mal nutrido... ya que las espesas secreciones del estómago impiden la secreción normal del jugo gástrico y no es posible la digestión adecuada de los alimentos que se ingieren.

El sudor de los enfermos de fibrosis cística es espeso y con un elevado contenido de sal; y si no se les mantiene bajo la supervisión médica constante, suministrándole antibióticos (para combatir las infecciones bacteriales que se pudieren presentar) así como las enzimas digestivas que le son imprescindibles para realizar los procesos digestivos, su condición se les puede complicar con otras enfermedades que finalmente lo llevarán a la muerte.

La fibrosis cística fue identificada por primera vez en 1930, antes de que se desarrollaran los primeros antibióticos. Debido a ello, la mayor parte de quienes presentaban la condición, morían durante los primeros años de la niñez. Más recientemente —y especialmente a partir de 1975— el control de la enfermedad ha sido mayor. Con los métodos de diagnóstico que se han desarrollado en la actualidad, y los nuevos tratamientos que se han diseñado (incluyendo el empleo de una amplia variedad de antibióticos), hasta el 65% de los pacientes que padecen la fibrosis cística logran sobrevivir hasta la edad adulta, aunque pocos disfrutan de lo que pudiera considerarse un buen estado de salud. No obstante, la enfermedad es seria, y el desenlace casi siempre es fatal.

SOLO CUANDO AMBOS PROGENITORES SON PORTADORES DEL GENE ES QUE SE TRASMITE LA FIBROSIS CISTICA...

La fibrosis cística es hereditaria, causada por un gene defectuoso (se estima que 1 de cada 22 personas lo tiene), pero únicamente se presenta si el gene es pasado por ambos padres (1 caso en 2,000, de acuerdo con las estadísticas internacionales). Es decir:

- Si solamente uno de los dos progenitores es portador del gene que provoca la fibrosis cística, el niño nace completamente normal;
- ahora bien, si ambos padres son portadores del gene defectuoso, no

¿CUALES SON LOS SINTOMAS DE LA FIBROSIS CISTICA?

Los síntomas deben ser informados al médico tan pronto como sean detectados, ya que el control de la fibrosis cística depende de que comience a ser tratada en sus primeras fases de desarrollo; mientras más pronto se inicie el tratamiento a base de antibióticos, menor será el daño causado a los pulmones por las infecciones.

En los recién nacidos:

- Heces fecales gruesas y pegajosas (meconio), las cuales pueden causar obstrucción intestinal.

Más avanzada la enfermedad:

- Un peso bajo, a pesar de que la alimentación es adecuada.
- Heces fecales gruesas, largas, y de mal olor.
- Tos crónica.
- Infecciones respiratorias frecuentes y severas; esputos difíciles de expulsar.
- Sudor con alto contenido de sal.
- El hígado y el bazo se expanden.

hay duda de que el niño llegará a desarrollar la fibrosis cística en algún momento en su vida, casi siempre durante sus primeros meses o años.

Generalmente, la fibrosis cística se detecta cuando el niño nace ya enfermo y se confirma de antemano que ambos progenitores son portadores del gene que causa la enfermedad. Se estima que aunque el número de enfermos es relativamente pequeño en todo el mundo (varios miles, según la **Organización Mundial de la Salud**), sí existen millones de individuos que son portadores del gene... sin saberlo.

Hasta hace solamente unos veinticinco años, las posibilidades de vida de un niño que naciera con fibrosis cística eran muy limitadas; sólo unos cuantos sobrevivían la etapa de la pubertad. Actualmente, las posibilidades de sobrevivir la enfermedad son mayores, y se estima que hasta un 50% de los enfermos logran hoy cumplir los 21 años. En muchos casos, los individuos afectados por la fibrosis cística llegan a casarse y a llevar un estilo de vida normal después de esa edad... gracias, desde luego, a los nuevos descubrimientos y terapias que hoy en día se aplican para combatir esta cruel condición.

¿COMO SE DIAGNOSTICA Y SE TRATA LA FIBROSIS CISTICA?

La enfermedad casi siempre se detecta durante los años de la primera infancia, una vez que los síntomas comienzan a hacerse evidentes:

- Algunos niños muy pequeños presentan, por ejemplo, un trastorno llamado *ileo meconio,* que consiste en una obstrucción intestinal que requiere que sean sometidos a una operación quirúrgica. Los médicos inmediatamente determinan que esta condición está íntimamente asociada con la fibrosis cística.
- En cambio, hay niños que padecen de bronquitis repetidas, neumonías, asma, alergias y otros trastornos relacionados con la absorción en el sistema digestivo, que pueden estar padeciendo de fibrosis cística, sin que la enfermedad haya sido detectada.

Los niños que presentan esta condición generalmente no aumentan de peso a pesar de que reciben una alimentación adecuada, se enferman con frecuencia, desarrollan numerosas afecciones respiratorias y digestivas, y en general presentan esa sudoración espesa y salada que es característica en las personas que padecen esta enfermedad.

El análisis definitivo se efectúa en un laboratorio, precisamente determinando la composición y grado de salinidad del sudor. Inmediatamente después de detectarse la enfermedad, debe comenzarse el tratamiento... es la única alternativa para prolongar las esperanzas de vida de infinidad de niños en todo el mundo.

EL TRATAMIENTO

- No sólo consiste en proveer al enfermo enzimas digestivas adicionales (con los alimentos) y antibióticos constantes, sino también someterlo a terapias especiales que varían desde el masaje de la espalda (para desalojar las mucosidades pulmonares) hasta colgar (literalmente) al paciente de los pies (para facilitar el drenaje de sus fluidos). Estos (y otros) tratamientos se realizan inicialmente en un hospital o centro especializado, pero posteriormente se pueden seguir regularmente en la propia casa, aunque siempre bajo la supervisión de un especialista.
- Además, el paciente debe observar una dieta rica en calorías y proteínas; en ocasiones, también debe tomar suplementos vitamínicos para que pueda recibir todos los elementos nutritivos que su organismo requiere. Estas medidas permiten que aumente de peso y que las heces fecales sean más normales.

Con estos tratamientos, en la actualidad hay pacientes afectados por la fibrosis cística que logran vivir hasta los 40 y los 50 años de edad, una situación que nunca antes se había visto.

"Estamos tratando a pacientes que antes jamás habrían tenido la oportunidad de sobrevivir hasta edades tan avanzadas", explica el **Doctor Warren Warcick**, Director de la **Clínica de Fibrosis Cística** de Minnesota (Estados Unidos). "Unos veinte pacientes de un grupo bastante numeroso está casado... y muchas mujeres tienen hijos por medio de la inseminación artificial. Al tratar los diferentes casos, podemos detectar los genes hereditarios y prevenir los futuros problemas que se puedan presentar. Una buena solución para una pareja que desee tener hijos... en el caso en que ambos cónyuges sean portadores del gene que causa la fibrosis cística... es recurrir al procedimiento de la inseminación artificial, ya que la posibilidad de que el donante de la esperma presente igualmente un gene afectado en realidad son pocas. Además, siempre se puede confirmar clínicamente que el donante de la esperma no sea portador del gene que causa esta enfermedad. Sin embargo —en esos casos en que el bebé sea concebido por medio de la inseminación artificial a una mujer que incluya el gene de la fibrosis cística— en su momento el niño debe estar debidamente informado de que es portador de un gene capaz de producir una enfermedad muy compleja y explorar las posibilidades de la presencia de un gene análogo en su futura esposa".

LA INGENIERIA GENETICA PUEDE PONER FIN A LA FIBROSIS CISTICA

Los científicos dedicados a la investigación de la fibrosis cística están sumamente entusiasmados con los recientes descubrimientos que se están produciendo en el campo de la Genética. Por ejemplo:

- Han permitido identificar el lugar del gene de la fibrosis cística (en el cromosoma número 7 de las células).
- Además, ha sido posible identificar una serie de marcadores bioquímicos en el gene que se manifiestan cuando el mismo es defectuoso.

En otras palabras: en la actualidad es posible identificar a las personas que son portadoras del gene defectuoso, y detectar la fibrosis cística en el feto.

- Entre las semanas 8 y 10 del embarazo, se obtienen células fetales por medio del análisis del villus coriónico, las cuales son analizadas en el laboratorio para determinar si presentan marcadores biológicos del gene causante de la fibrosis cística.
- También es posible hacer análisis químicos de las células obtenidas de la futura madre (por medio de la amniocentesis), en las semanas 17 y 18 del embarazo.
- Si las pruebas son positivas, y el feto está afectado, la pareja puede decidir poner fin al embarazo.

La Ingeniería Genética está logrando grandes avances en la detección y control parcial de la fibrosis cística. Es más, recientemente se han asociado grupos de investigadores procedentes de distintas instituciones científicas (de Gran Bretaña, Canadá y los Estados Unidos) con el fin de determinar la localización aún más precisa del gene causante de la fibrosis cística. Asimismo, los investigadores confían que dentro de muy poco tiempo serán capaces de aislar completamente el gene y desarrollar mecanismos que le permitan reconstituirlo dentro del cuerpo celular para eliminar —mediante procedimientos genéticos— ese gene alterado.

Hasta el presente, todos los estudios que han sido llevados a cabo sobre la fibrosis cística igualmente revelan que mientras más temprano se pueda efectuar el diagnóstico de la enfermedad, más posibilidades existen de tratar con efectividad al paciente. Lamentablemente, en muchos casos el mal es detectado una vez que el niño ya ha cumplido su primer año de edad; ese tiempo perdido es realmente precioso. Pero los nuevos avances tecnológicos y científicos están permitiendo tratar con efectividad enfermedades genéticas que hasta hace muy poco tiempo significaban, prácticamente, una sentencia de muerte. La fibrosis cística será una de ellas... Todo indica que en pocos años pasará a ser uno de esos males que la Ciencia ha logrado controlar.

CAPITULO 22

¿POR QUE CADA DIA SON MAS LOS NIÑOS QUE SUFREN DE PROBLEMAS CARDIACOS?

Muchas veces pensamos que los niños no están tan expuestos a sufrir las enfermedades del corazón en la misma proporción que los adultos. Por lo general creemos que en su mayoría son hombres adultos las víctimas de estos ataques cardíacos repentinos, ya que hipótesis muy arraigadas afirman —equivocadamente— que "las mujeres y los niños son menos propensos a los ataques cardíacos que los hombres" y que "los niños están exentos de estas afecciones, las cuales se comienzan a desarrollar una vez pasada la etapa de la adolescencia".

Pero... ¿son exactas estas afirmaciones? ¿Qué hay de cierto en todo ello? Si nuevamente recurrimos a las estadísticas, las cifras —a nivel internacional— pueden impactarnos:

- Solamente en los Estados Unidos, 350,000 mujeres fallecen anualmente debido a enfermedades cardíacas.
- Asimismo, las estadísticas muestran que —basándose en los nuevos métodos de detección, y en los conceptos desarrollados a la luz de las nuevas investigaciones realizadas con respecto a las enfermedades cardíacas infantiles— son muchos los niños que presentan deficien-

cias cardiovasculares, las cuales probablemente los van a afectar de por vida, causando la muerte en un alto porcentaje de los mismos una vez que lleguen a la edad adulta (si no antes).

Así, los cardiólogos están observando con preocupación cómo cada día son más y más los niños en los que se detectan problemas en el corazón... ¡y hasta mueren de ellos! ¿Se trata de un fenómeno aislado? La respuesta es categórica: no.

HIPERTENSION: ¡CUIDADO CON LOS NIÑOS GORDITOS!

Hasta hace algunos años, los pediatras no se han preocupado mayormente por tratar la hipertensión en sus pequeños pacientes, considerando que los niños crecen tan rápidamente que los niveles de la presión arterial cambian constantemente. Tal vez muchos se opongan a que los pequeños que sufren de hipertensión tengan que comenzar a tomar medicamentos para controlar la situación, los cuales probablemente tendrían que continuar tomando durante el resto de sus vidas. Además, el desarrollo de los medicamentos más efectivos en este campo es tan reciente que aún no se podría determinar cuál sería el efecto de los mismos dentro de 50 ó 60 años. En términos generales, el concepto que ha prevalecido hasta el presente es que:

- Los niños son tan resistentes a muchas condiciones, que con frecuencia logran controlarlas sin tratamiento médico alguno... la hipertensión podría ser una de esas condiciones y, de hecho, muchos especialistas así lo consideran.

Ahora, sin embargo, las investigaciones demuestran que la hipertensión puede ser tan peligrosa en los niños como en los adultos (hombres y mujeres). De acuerdo a un nuevo estudio (publicado en la revista científica **Circulación**, en los Estados Unidos), 19 de 130 niños que presentaban lecturas elevadas de su presión arterial desarrollaron un engrosamiento peligroso del músculo cardíaco (una condición que en los adultos provoca el fallo cardíaco). "No es posible determinar si este patrón de deterioro se manifiesta en los niños", explica el **Doctor Stephen**

Daniels (Cardiólogo y Pediatra del **Centro Médico del Hospital de Niños de Cincinnati**; en Ohio, Estados Unidos), quien dirigió las investigaciones. "No obstante, es una situación que preocupa y que debe ser observada para establecer patrones de tratamiento en el futuro".

¿Qué niños presentan el riesgo de desarrollar la hipertensión?

- Los varones más que las niñas, especialmente si tienen un exceso de peso.

El corazón de estos niños está sometido a tal esfuerzo que fuerza la sangre a través de capas adicionales de grasa, lo cual hace que sus paredes aumenten de espesor. Después de años de estar sometidos a este trabajo forzado, es evidente que el músculo cardíaco alcanza un tamaño demasiado grande para funcionar normalmente.

Afortunadamente, el engrosamiento anormal del corazón puede ser detectado mediante pruebas de ultrasonido. Asimismo, si el niño es sometido a un tratamiento efectivo que permita controlar la presión arterial (mediante la pérdida del exceso de peso que pueda presentar y el ejercicio físico) es posible que el músculo cardíaco se contraiga y alcance nuevamente su tamaño normal. En determinadas situaciones, es preciso que el niño tome medicamentos para controlar la presión arterial.

¿ESTA SU HIJO EN PELIGRO?

¿Cómo puede determinar si su hijo (entre los 10 y los 18 años de edad) se encuentra en un grupo de riesgo para desarrollar la hipertensión, o si la condición ya se está manifestando en el mismo?

- El niño debe ser sometido a un examen médico que permitirá determinar si su presión arterial se halla dentro de los parámetros normales de acuerdo con su edad, la estatura, y el sexo.
- Si los resultados de este examen no son normales, es importante que las pruebas sean repetidas unos meses después, para comprobar que las lecturas originales se mantienen más o menos estables.
- También durante ese examen médico general el pediatra comprobará si el niño padece de cualquier otra condición (como una afección re-

nal, por ejemplo) que podría ser la causa de la hipertensión.

La hipertensión en los niños es hoy una condición tan frecuente que las asociaciones pediátricas internacionales recomiendan que a partir de los 3 años de edad, todos los niños sean sometidos a un examen que incluya determinar su presión arterial.

Según las investigaciones,

- el 50% de los casos de hipertensión infantil son provocados por el exceso de peso, una situación que no parece que pueda ser controlada en un futuro inmediato; las estadísticas muestran que cada día es mayor el número de niños que sufren de obesidad (en los últimos treinta años, el porcentaje de niños obesos —a nivel internacional, aunque especialmente en los países más desarrollados— ha aumentado de un 5% a un 11%).

¿COMO CONTROLAR ESTA SITUACION?

- En primer lugar, es importante que el niño siga una alimentación debidamente balanceada, evitando las comidas grasosas e incrementando el consumo de vegetales y frutas.
- Por todos los medios, incremente el nivel de actividad física del niño. Aunque el ejercicio físico no lo haga perder peso, al menos acelerará el ritmo cardíaco, sus vasos sanguíneos se expandirán, y la presión sanguínea disminuirá.
- Desde luego, el ejemplo que la familia ofrezca en este sentido es importante para que el pequeño observe hábitos cada vez más positivos en su rutina diaria.

Cuando se estudian a fondo los casos de muchas personas que actualmente sufren del corazón, encontramos huellas y síntomas que nos revelan que esa enfermedad ha existido en ellos desde muchos años atrás (desde la infancia probablemente), y que con el transcurso de los años ha venido empeorándose progresivamente.

En otras palabras: muchas afecciones cardiovasculares pueden ser detectadas desde la temprana infancia y, si son tratadas debidamente, evitar que continúen desarrollándose progresivamente, hasta el punto de que puedan hacer crisis más tarde en la vida.

- Muchos factores contribuyen a debilitar el corazón del pequeño, y si el niño ya se halla predispuesto a estos trastornos (ya sea por padecer de hipertensión, o por el historial cardíaco en la familia) las probabilidades de que se desarrollen trastornos cardíacos en el futuro se intensifican considerablemente.

Afortunadamente, existen importantes medidas preventivas que los padres pueden adoptar para que sus hijos crezcan saludables, disfrutando de un corazón sano. Al mismo tiempo, estas medidas pueden protegerlos del riesgo de que se presenten los ataques cardíacos (y las enfermedades cardiovasculares, en general) más tarde en la vida. La clave principal para la prevención: la dieta. Está comprobado científicamente —en infinidad de investigaciones que se han llevado a cabo a nivel internacional— que un régimen alimenticio debidamente balanceado casi garantiza la prevención de los problemas del corazón... siempre que el niño comience a alimentarse equilibradamente desde que es pequeño, desde luego.

SI EL NIÑO PRESENTA UN MURMULLO EN EL CORAZON...

Cuando el médico diagnostica que el niño presenta un murmullo en el corazón, la condición no es necesariamente grave... aunque muchos padres no pueden evitar el sentir temor; todo lo que represente una deficiencia en el funcionamiento del corazón del niño genera ansiedad y preocupaciones. Pero... ¿significa este diagnóstico que el niño debe limitar su actividad física...? ¿Puede morir de esta condición...? ¿Es congénita...? ¿Se trata de una condición frecuente? Las respuestas:

- Sí. De acuerdo a estadísticas internacionales, se estima que el murmullo en el corazón lo presenta hasta el 80% de todos los niños; en la mayoría de los casos, se trata de una situación normal. Sin embargo, si la turbulencia de la sangre puede ser percibida, la condición recibe el nombre de *murmullo cardíaco.* El médico debidamente entrenado puede detectar, además, cualquier anormalidad en los sonidos cardíacos, la cual puede sugerir un trastorno en el funcionamiento de las válvulas del corazón o cualquier otra deficiencia cardíaca.
- Por sí solo, el murmullo cardíaco no es síntoma de ningún trastorno en el sistema circulatorio del niño; tampoco se trata de un factor que pueda causar otros problemas en el pequeño.
- ¿Por qué se presenta el murmullo cardíaco? En el caso de los niños en edad pre-escolar, por ejemplo, el ritmo de los latidos del corazón (ritmo cardíaco) es más lento que en los niños más pequeños, lo que hace que el murmullo de la sangre al ser bombeada en el corazón sea más fácil de percibir. Asimismo, como la pared toráxica del niño aún es delgada, al médico le es posible escuchar con más facilidad cualquier sonido interno en el cuerpo del pequeño. En los niños más pequeños, cuyo ritmo cardíaco es muy acelerado, al pediatra le resulta más difícil percibir el murmullo cardíaco.
- Los pediatras se preocupan ante la posibilidad de que el niño presente un murmullo cardíaco porque siempre existe la posibilidad de que el mismo sea consecuencia de un problema serio. Especialmente se preocupan si detectan el murmullo cardíaco en el niño recién nacido, ya que las posibilidades de que se trate de una condición grave es mayor que si el sonido es detectado en el niño en edad pre-escolar.
- Se estima que solamente 1 en cada 100 niños que presentan un murmullo cardíaco tienen una anormalidad en la estructura del corazón (como pudiera ser una abertura entre las cámaras superior e inferior, o una válvula defectuosa). También el cardiólogo se preocupa por identificar otros síntomas y factores que puedan sugerir la presencia de un defecto mayor en el corazón, y entre los mismos se encuentra si el niño se muestra fatigado durante el examen físico (en los bebés toma en consideración si éste suda intensamente, tose, o hace sonidos mientras es alimentado); algún tipo de abultamiento en el tórax (causado por un corazón de tamaño mayor que el normal); una tonalidad azulosa en el cutis, las manos o pies; una historia de defectos en el corazón en la familia; la presencia de factores de riesgo para el desarrollo de enfermedades cardiovasculares (como la diabetes, por ejem-

plo); o el hecho de que la madre haya consumido drogas (cocaína), alcohol, o tomado determinados medicamentos (como el litio) durante el embarazo.

- El murmullo cardíaco normal no es hereditario, y el motivo por el cual varios miembros en una misma familia puedan haber tenido esta condición se debe a que la misma es muy frecuente. No obstante, el murmullo que es causado por un defecto en el corazón sí puede ser de índole genética.
- Si el pediatra no logra determinar de manera concluyente si se trata de lo que pudiera considerarse un murmullo cardíaco normal, es fundamental que el pequeño sea visto por un cardiólogo especializado en niños, capaz de identificar rápidamente la importancia del murmullo diagnosticado.
- En ocasiones, el cardiólogo solamente necesita tener más información con respecto al corazón del niño antes de llegar a un diagnóstico definitivo. Casi siempre somete al pequeño a un electrocardiograma, el cual permite medir la actividad eléctrica que controla los latidos del corazón. También puede recomendar un ecocardiograma, que le permite ver la estructura del corazón en imágenes.
- Si el murmullo detectado es normal, el niño puede involucrarse en cualquier tipo de actividad física. Si es causado por factores serios, el especialista debe informar a los padres cuáles son las limitaciones necesarias que el pequeño debe observar para evitar riesgos.

CAPITULO 23

SI EL NIÑO DEBE SER HOSPITALIZADO...

Pocas situaciones atemorizan y crean tanta ansiedad en los padres como la hospitalización de un hijo. Miles de preguntas los invaden desde el mismo momento en que el médico les informa sobre la posibilidad del ingreso del pequeño: "¿Qué tendrá el niño? ¿Qué medicamentos le recetará el médico? ¿Responderá bien su organismo al tratamiento que le imponga...? ¿Cómo se portará en el hospital? ¿Cooperará con los médicos y las enfermeras que lo atiendan, o será para él traumática esa experiencia...? ¿Podré permanecer a su lado en todo momento...? ¿Qué haré con los hermanos que quedan en casa?". Para los padres, la permanencia en el hospital de un hijo resulta tan abrumadora y desconcertante como para los propios niños, mucho más para aquéllos que se enfrentan a la expe-riencia por primera vez. En estos casos —además de todas las preocupaciones anteriores— se suman otros factores que complican aún más el asunto: las instalaciones médicas, sus reglamentos, el lenguaje y los procedimientos técnicos del lugar... son cuestiones tan desconocidas para ellos, que muchos llegan a sentirse como turistas en un país extraño.

Si usted es padre y se ve en la necesidad de hospitalizar al niño, a continuación le ofrecemos una serie de recomendaciones que deberá tener en cuenta para reducir la ansiedad que inevitablemente surge ante situaciones de este tipo, y al mismo tiempo garantizar que el niño reciba los mejores cuidados médicos durante su permanencia en el hospital.

1. Una vez que el niño haya sido examinado por el médico, converse privadamente con éste.

Cuando ya el pediatra haya visto al niño y haya definido los pasos que deben ser seguidos, trate de conversar con él sobre las decisiones a tomar. No lo haga delante del pequeño, para evitar que éste se atemorice o que le invada un estado de ansiedad. Una vez a solas con el especialista, infórmese acerca de las ventajas y desventajas del procedimiento a seguir. Estas son algunas de las preguntas que usted pudiera formular:

- ¿Qué tiene el niño...?
- ¿Qué otras opciones de tratamiento tenemos y cuáles son los pros y los contras de cada una de ellas?
- ¿Se corre algún riesgo con el procedimiento que usted sugiere?
- Si el pequeño va a ser operado, ¿necesitará anestesia?
- ¿Cuánto tiempo tomará el procedimiento quirúrgico indicado?
- ¿Cuál es el promedio de éxito que se tiene con este procedimiento?
- ¿Cuánto tiempo toma la recuperación?
- ¿Será doloroso para el niño?

2. Obtenga toda la información que necesite.

Es muy importante que los padres se sientan satisfechos con las explicaciones que ofrezca el médico sobre el tratamiento a seguir.

- Si usted tiene alguna duda con las explicaciones que el especialista le ha dado (o si alguna de sus preguntas no recibió una respuesta precisa), no sienta vergüenza ni temor de insistir en obtener una aclaración, aun cuando el médico parezca estar molesto o apurado. Ante una situación como ésta, una excusa simple pero enérgica pudiera ser suficiente: "Discúlpeme doctor, pero necesitaría que me explicara esto otra vez; debo estar seguro de que lo he entendido bien". No olvide que usted tiene derecho a recibir toda la información que necesita para decidir si dará o no su consentimiento al tratamiento que el profesional sugiere para el niño.
- Una vez que haya tenido tiempo para procesar toda la información

que el médico le ha dado, no vacile en volver a llamarlo si surgiera una nueva duda.También puede consultar a otros especialistas la situación en la que se encuentra su niño.

3. Si el procedimiento al que va a ser sometido su hijo requiere anestesia, entonces infórmese con antelación sobre todo lo que necesita conocer en estos casos.

- Pídale al médico que le explique qué tipo de anestesia va a ser utilizada y por qué; asegúrese además de conocer cuáles son los efectos secundarios que puede provocar en el pequeño y de qué forma será administrada (si por vía intravenosa, por medio de una máscara, etc.).
- Si la anestesia que va a recibir su hijo es general, entonces no se le permitirá beber ni comer nada durante las 8 ó 12 horas antes de la operación; en este caso, pídale al médico que programe la cirugía para las primeras horas de la mañana, de manera que el niño no tenga que permanecer esperando tanto tiempo con el estómago vacío.
- Precise con el médico dónde puede permanecer usted con el niño hasta que la anestesia haga efecto y éste se quede dormido, y si una vez que pase a la sala de recuperaciones usted podrá estar a su lado cuando despierte, no sólo para que el pequeño no se sienta solo, sino también para calmarlo por la posible ansiedad que puede experimentar.

4. Permanezca al lado de su hijo.
Mientras más pequeño es el niño, más necesitará que sus padres estén a su lado durante su permanencia en el hospital. Por ello:

- No vacile en preguntar cómo puede permanecer cerca de él mientras tienen lugar todos los procedimientos médicos que se llevarán a cabo. Infórmese cuáles son los reglamentos del hospital para poder permanecer al lado del niño en la habitación que le asignen.
- Si tiene otros hijos, coordine con sus familiares para que éstos puedan cuidarlos mientras usted se mantiene al lado del enfermo.

5. Si debe elegir entre la hospitalización o la realización del tratamiento en el consultorio externo (del especia-

lista o en el departamento ambulatorio del propio hospital), ¡cuidado! Averigüe antes los pros y los contras de cada opción.

En algunas circunstancias que no son de emergencia los padres tienen la oportunidad de poder elegir entre la hospitalización del niño o la realización del procedimiento médico necesario en el consultorio externo del médico o del hospital. De primera instancia, la opción más tentadora parece ser el tratamiento en la consulta externa, por la posibilidad de poder regresar al hogar el mismo día y evitar así los inconvenientes que trae consigo la permanencia en el hospital. Sin embargo, al tomar una decisión como ésta, los padres deberán ser muy cuidadosos y lo primero que deberán averiguar es el tipo de anestesia que se empleará en el proceso y cuáles son sus posibles efectos y complicaciones secundarias.

Le presento un ejemplo: cuando los padres de Aurora tuvieron que decidir si hospitalizaban o no a su hija de 8 años para una tonsilectomía, el propio médico les sugirió realizar el procedimiento en el consultorio externo del hospital, lo que le garantizaría incluso una recuperación mucho más breve. Sin embargo, una vez que fueron informados de que el procedimiento requería anestesia general y estaba presente la posibilidad de los distintos efectos colaterales que ésta siempre puede provocar (vómitos, náuseas prolongadas, demora considerable en recuperarse, etc.), ellos se sintieron mucho más confiados ingresando a la niña al hospital que permitiendo que el médico la atendiera en el departamento ambulatorio del hospital. Después de la operación, la pequeña no reaccionó como se esperaba: presentó muchos vómitos, dolor y necesitó permanecer durante dos noches en el hospital. Sus padres se sintieron satisfechos con la decisión que habían tomado.

Por ello, antes de llegar a una decisión como ésta, analice siempre con el especialista las complicaciones que pudieran presentarse en la práctica de cualquier procedimiento médico, por muy simple que éste parezca; usted necesita estar muy bien informado para poder decidir con certeza qué es realmente lo mejor para su hijo.

6. Prepare al niño para su permanencia en el hospital.

Una vez que la decisión de hospitalizar al niño haya sido hecha, es muy importante que éste entienda todo lo que le va a ocurrir durante su permanencia en el hospital. Algunas veces es mejor que la explicación se la ofrezca el propio médico, pero en otros casos los padres pueden ser quie-

CUANDO NECESITE LLEVAR AL NIÑO A LA SALA DE EMERGENCIAS...

- Primero que todo, trate de calmarse. Si la situación no representa una amenaza real para la vida del niño, tómese unos minutos para relajarse y definir la acción a tomar.
- Si la situación no es de urgencia extrema, antes de ir al hospital llame al pediatra del niño e infórmele sobre la situación que se ha presentado.
- Lleve con usted todos los papeles médicos que pueda necesitar.
- ¡Deje la prisa en casa; ármese de paciencia y serenidad!
- Antes de abandonar el hospital, llévese por escrito todas las instrucciones que le haya dado el médico que atendió al niño. En todo caso, una vez de regreso a la casa, hable con el pediatra que atiende normalmente al pequeño para que lo examine. Infórmele detenidamente sobre el tratamiento recomendado por el médico en la sala de emergencias del hospital, y muéstrele los medicamentos que le recetó al niño.

nes mejor preparen al niño para la nueva experiencia. Algunos recursos que pueden resultar efectivos durante este proceso de preparación son:

- Léale al pequeño cuentos que se relacionen con el tema... siempre con un tono (y actitud) positivo. ¡Oculte sus preocupaciones!
- Nárrele diferentes historias (reales o imaginarias) que relaten su propia experiencia en el hospital cuando era niño.
- Cómprele algunos juguetes que imiten los instrumentos que usa el médico (estetoscopio, depresor para observar la garganta, jeringuilla, etc.). Explíquele cuáles son sus funciones.
- Dramatice con sus muñecos una situación similar a la que él va a vivir una vez que se encuentre en el hospital.

7. Permita que el niño lleve al hospital algún juguete u objeto personal que lo mantenga en contacto con su hogar; así no lo echará tanto de menos.

Una vez que llegue el momento de partir hacia el hospital, permita que su hijo seleccione uno de sus juguetes preferidos, libros u objetos para que los lleve con él. La almohada que usa para dormir todas las noches también pudiera acompañarle. Estos objetos lo mantendrán en contacto con su hogar y le ofrecerán cierta seguridad y bienestar emocional.

8. Cree todas las condiciones para garantizar un buen proceso de recuperación.

Esté consciente de que el niño puede quedar muy adolorido después de una operación quirúrgica; también puede mostrarse muy inquieto e indispuesto después de la hospitalización. Comprenda usted la situación por la que atraviesa el pequeño. Pero, además:

- Explíquele que, aunque es posible que no se sienta muy bien por unos cuantos días, esto sólo será una situación transitoria.
- Haga planes sobre lo que harán una vez que regresen a la casa y ya esté completamente recuperado; esto lo estimulará y le permitirá desviar un poco su atención de sus posibles molestias.
- Es muy común también que los niños tengan fiebre después de una operación; precise con el médico qué medicamentos, y con qué frecuencia los puede tomar el pequeño.
- No vacile en llamar a la enfermera si se le olvidó cuál es la dosis recetada o si nota que el medicamento resulta inefectivo; manténgase también vigilante ante cualquier reacción poco común que pueda presentar el niño a raíz de haberle dado cualquier medicamento recetado por el médico. Recuerde que ellos son también seres humanos y en esta profesión —como en todas— los errores siempre pueden ocurrir. Si usted escucha o ve algo que pueda sugerirle que se está cometiendo algún error, consúltelo con el médico inmediatamente; su señal de alerta puede evitar cualquier complicación mucho más seria.
- Persista en sus preguntas (al médico y a la enfermera) hasta que se sienta satisfecho con las explicaciones que recibe. Tenga presente que el tratamiento de la enfermedad de un niño es una responsabilidad compartida, y los padres necesitan desempeñar un papel más activo en todo lo relacionado con los cuidados médicos de sus hijos.